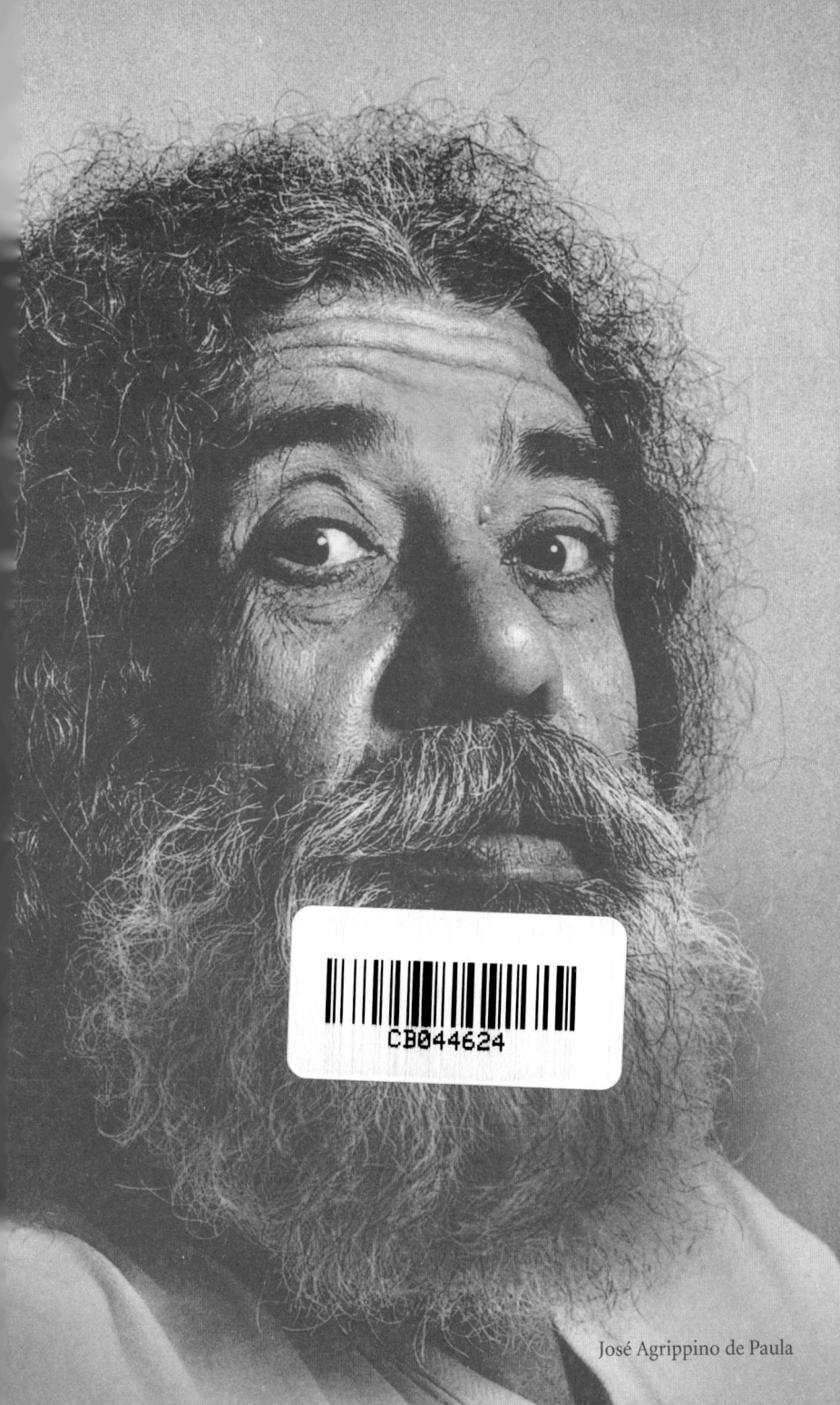
José Agrippino de Paula

PanAmérica

PanAmérica

Epopeia de
JOSÉ AGRIPPINO DE PAULA

3ª edição

Coopyright 2016 © Editora Papagaio

Editores
Denise Natale
Sérgio Pinto de Almeida

Produção
Luciana Chaves

Capa
José Roberto Aguilar e Gabriela Favre

Revisão
Carlos Silveira Mendes Rosa
Cecília Zioni

Diagramação
Tânia Maria dos Santos

Fotos
Maurício Simonetti

Catalogação na Fonte do Departamento Nacional do Livro
Fundação Biblioteca Nacional

P264p
    Paula, José Agrippino de.
        PanAmérica / José Agrippino de Paula. – 3ª ed. – São Paulo: Editora Papagaio, 2001.
        p. 264; 14x21 cm

    ISBN 978-85-88161-02-3

        1. Literatura Brasileira I. Título.

CDD-B89.3

Esta edição segue o Acordo Ortográfico da Língua Portuguesa firmado em 1990, em vigor no Brasil desde 2009.

Todos os direitos desta edição reservados à
EDITORA PAPAGAIO LTDA.
Rua Mendes Paes, 153 – Vila Nova Conceição
04507-090 – São Paulo – SP
Fone: 11 3051-5544

livros@editorapapagaio.com.br
www.editorapapagaio.com.br

Setembro 2016

Prefácio da 3ª edição

CAETANO VELOSO[*]

Antes do lançamento de qualquer uma das canções tropicalistas, tomei contato com *PanAmérica*. O livro representava um gesto de tal radicalidade – e indo em direções que me interessavam abordar no âmbito do meu próprio trabalho – que, como já relatei no livro de memórias *Verdade Tropical*, quase inibiu por completo meus movimentos. Ainda hoje, quando o releio, ele guarda seu poder de impacto. É um caso único na literatura brasileira. Essa epopeia do Império Americano, como Mário Schenberg a chamou, é um livro marcante. O texto, além de evitar toda nuance psicológica na construção de personagens e aderir às imagens exteriores e aos atos diretos, apresenta uma áspera uniformidade que se torna visível nas páginas, sempre ocupadas por blocos escuros de palavras, sem parágrafos ou travessões que lhes deem espaço para respiração. É um monolito. Um monolito escuro feito de miríades de visões em cores vivazes que se somam, se multiplicam e se anulam. Compõem-se tais visões de ícones da época do Império Americano. E o narrador diz "eu" repetidas vezes, mesmo quando, em português, o pronome sujeito não precisa ser explicitado. Esse narrador executa sucessivas peripécias que o põem em posição privilegiada para testemunhar os atos dos ícones mundiais: dirige uma superprodução bíblica hollywoodiana; faz sexo intenso e

---

[*] Caetano Veloso é compositor, cantor, escritor e cineasta.

frequente com Marilyn; participa de operação de guerrilha com Guevara; mata um adido militar norte-americano – e termina por experimentar a dissolução do mundo tal como o conhecemos.

Esse "eu" que tanto assim se anuncia não é um "eu" no sentido em que até o século XIX se entendia esse termo. Fragmentário e não-subjetivo, ele boia lúcido e sem afeto num mundo rico de variedade e intensidade mas desprovido de sentido. É o não-herói (não o anti-herói) pós-moderno literariamente realizado. E com uma firmeza que pareceria não ser possível no tão pré-moderno e tão cordial Brasil de metade dos 60. Mas José Agrippino de Paula vivenciou os conteúdos da vida do final do século passado com tanta frieza e tanta paixão que talvez não haja no mundo nenhuma obra literária contemporânea de seu *PanAmérica* que lhe possa fazer face. O livro soa (já soava em 1967) como se fosse a *Ilíada* na voz de Max Cavalera.

Ele ecoava, é verdade – como vim a ver depois –, o *Deus da Chuva e da Morte*, de Jorge Mautner. De fato, esse livro de Mautner ofereceu inspiração para muito do que há em *PanAmérica*. Mas José Agrippino parece ter escolhido uma das vozes do *Deus da Chuva* – aquela menos lírica, aquela em que os tons da compaixão e da doçura cristã (assim como os aspectos de "brasilidade") não entram como harmônicos – e aferrou-se a ela, fazendo de seu livro um objeto limpo, inteiriço, sem porosidade e sem contemporizações. Não se trata aqui de comparar para julgar, mas é esclarecedor dizer que, com ser pioneiro duma prosa pop brasileira nascida, em parte, da literatura beatnik norte-americana, prosa essa que liberou o estilo de José Agrippino, o livro de Mautner é também uma obra mais generosa, mais maleável e mais aberta à possibilidade da esperança, enquanto *PanAmérica* é radicalmente impermeável a qualquer disfarce do humanismo ou do espírito brasileiro. Tanto Mautner quanto Agrippino são atraídos pelos pensadores chamados irracionalistas e são hostis à Razão. Mas José Agrippino é dotado de um senso clássico das proporções e, ali onde Mautner é barroco, desigual, desmedido, Agrippino é consequente, fiel a um princípio único que norteia sua escrita, sectário de si mesmo. Não posso deixar de atribuir grande parte das características que os unem – e que os distinguem dos outros escritores brasileiros – ao fato de serem os dois escritores paulistas (Mautner nasceu no Rio, mas é paulista de formação). A experiência da vida na São Paulo da segunda metade do século XX apresenta uma identidade imediata com a dos grandes centros urbanos do mundo, como não se pode conhecer em nenhuma outra cidade brasileira. São Paulo não oferece as amenidades nem as características "exóticas" que fazem do Rio e de Salvador, como de Belém, São Luís, Manaus ou Recife, atrações turísticas. Por outro lado, sem que se tenha tornado uma cidade equilibrada nem suficientemente confortável ou bela para brilhar entre as grandes do mundo por sua própria eficiência como centro urbano, ela se impõe sobre as outras cidades brasileiras pela superioridade econômica e informacional – e pela duvidosa superioridade de ser desprovida de encantos agradáveis. É um dos pontos do planeta onde mais drasticamente se sente o mal-estar do capitalismo tardio, embora seja ainda recém-saída da fase agrária. Eu, que sou um baiano do tempo em que se crescia olhando exclusivamente para o Rio, preciso de São Paulo como de um antídoto contra um suave veneno.

Assim como, por razões semelhantes embora opostas em suas aparências, a poesia concreta e a USP me são referências essenciais, sem a literatura beat-paulista de Mautner e Agrippino eu não posso seguir em frente. E, se o marco histórico dessa corrente é o grande *Deus da Chuva e da Morte*, a epopeia de José Agrippino de Paula é sua expressão mais concentrada e madura. Com *PanAmérica* Agrippino chega ao extremo dessa tendência literária, chegando ao extremo de si mesmo como autor único. Ele é uma lucidez que se reconhece inútil mas nunca ri de si mesma. Não há fantasmas de salvação em seu mundo. A única salvação seria estar, desde logo e em termos absolutos, salvo.

Antes de escrever *PanAmérica*, José Agrippino escreveu *Lugar Público*, um romance sombrio que já apresenta um autor dono de um mundo próprio. Depois de *PanAmérica* ele começou a escrever um novo texto longo que, nos antípodas da superpoluição urbana, se voltava para uma mitologia e uma simbologia da natureza como perene utopia realizada: *Terracéu*. Ele nunca concluiu esse romance (não seria um romance, mas como chamá-lo?). No período de preparação dessa nova obra, ele viveu na Bahia por alguns anos, após uma estadia significativa na África. Eu, que já o conhecia desde 1966, o via com frequência em Salvador: ele não estava submetido à perspectiva através da qual um brasileiro vê a Bahia; tampouco a olhava como um turista: mais radicalmente gênio paulista do que nunca, ele selecionava o que, na Bahia, poderia confirmar seu imaginário de uma nova pureza que se seguisse ao caos urbano extremo, uma nova era que não se confundia com a Nova Era dos californianos nem com o milenarismo sebastianista de brasileiros e portugueses. Não creio que José

Agrippino queira retomar a composição desse livro, nem sei o que aconteceu aos manuscritos. *Lugar Público*[1] pode ser encontrado em sebos. Mas é *PanAmérica* que deve ser lido pelas novas gerações: não há nada, nem mesmo entre os que hoje fazem uso do mais violento ataque à cultura popular brasileira para aderir sem mediações ao drama atual do mundo, que seja tão radical quanto esse livro. Por isso, considero mais do que auspicioso o aparecimento de uma sua nova edição.

Rio de Janeiro, março de 2001

---

1 *Lugar Público* foi relançado pela Editora Papagaio em 2004.

Prefácio da 1ª edição

MÁRIO SCHENBERG[*]

Em *PanAmérica*, o seu segundo livro, José Agrippino de Paula se afirma como uma das personalidades mais poderosas e significativas da nova geração de escritores brasileiros. Venceu a timidez e o provincianismo que, até agora, tanto têm restringido os horizontes da nossa criação literária e artística, via de regra tão bem-comportada e afastada desse mundo vertiginoso e fantástico até hoje.

José Agrippino nos deu uma epopeia contemporânea do império americano. Como toda epopeia autêntica, *PanAmérica* tem suas raízes numa realidade histórica, vista sob o prisma de uma elaboração mitológica. Uma das fontes essenciais da mitologia contemporânea é, sem dúvida, o cinema. José Agrippino soube utilizar com extraordinária intuição algumas das figuras mitologicamente fundamentais de Hollywood, sobretudo Marilyn Monroe – a Afrodite ianque –, Harpo Marx, Burt Lancaster, Marlon Brando e Joe Di Maggio. Em *PanAmérica* surge também a mitologia da revolução anti-imperialista, centralizada na luta guerrilheira e na legenda de Che Guevara. O próprio narrador da epopeia é igualmente uma personificação mitológica da América Latina, na sua conquista da Afrodite ianque e nas suas lutas contra o gigante mitológico, Di Maggio, símbolo do padroeiro ianque.

O aparecimento de novas mitologias é um dos aspec-

---

[*] Mário Schemberg (1914-1990) foi cientista, político e crítico de arte.

tos mais importantes da vida do século XX. O seu impacto sobre a cultura se vem fazendo sentir com amplitude cada vez maior, atingindo formas tradicionais de expressão artística, como a literatura e as artes plásticas, depois de se ter manifestado no cinema e nas histórias em quadrinhos. *PanAmérica* representa uma contribuição de importância internacional para a utilização literária de alguns dos mitos fundamentais contemporâneos.

    José Agrippino tomou do cinema figuras mitológicas, assim como uma técnica de narração por imagens que funde a realidade com o onirismo, fugindo a qualquer análise psicológica. Em *PanAmérica*, revelou uma capacidade impressionante de criar imagens de extrema vitalidade e dinamismo. Combina uma descrição minuciosa, inspirada pela *Ilíada*, com um tipo de imaginação fantástica autêntica, que se relaciona com a das aventuras de Gulliver. Homero e Swift são as duas grandes influências literárias de José Agrippino. Sem ter conhecido Rabelais diretamente, possui inegavelmente afinidades acentuadas com o gigante da literatura francesa.

    PanAmérica é uma epopeia marcada pela obsessão erótica e pelo senso da destruição e do caos. Nisso se revela o seu caráter cósmico, cosmogônico e apocalíptico. Também aqui encontramos a semelhança com o cinema, sobretudo quando ele se torna mais mítico.

São Paulo, junho de 1967

Eu sobrevoava com o meu helicóptero os caminhões despejando areia no limite do imenso mar de gelatina verde. Sobrevoei a praia que estava sendo construída e o helicóptero passou sobre o caminhão de gasolina onde um negro experimentava o lança-chamas. Eu falei com o piloto do meu helicóptero apontando o caminhão de gasolina, e o helicóptero fez uma manobra sobre o caminhão-tanque e pousou alguns metros adiante. Eu saltei do helicóptero e gritei para o enorme negro que verificava o lança-chamas: "Hei!" Eu perguntei a ele como estava o lança-chamas para funcionar como coluna de fogo. O preto disse que eu me afastasse alguns metros e ligou o lança-chamas para o alto. O lança-chamas esguichou para cima um jato de fogo e o enorme negro fazia sinais para o homem que controlava a gasolina junto ao carro-tanque. Eu gritei para o negro que estava ótimo, que era exatamente aquilo que eu desejava. O negro foi controlando a saída de gasolina e a enorme nuvem de fogo erguida para cima foi diminuindo até se extinguir. Eu perguntei ao negro se ele sabia onde ia se esconder com o lança-chamas. O negro respondeu que o engenheiro já havia construído uma pequena elevação no mar de gelatina verde, e o esconderijo já estava cuidadosamente construído. "E o Burt?", perguntei. O preto disse que não sabia, quando eu vi surgir do fundo de um edifício um caminhão trazendo Burt Lancaster com duas enormes asas brancas sobre os ombros. O caminhão estacou e eu perguntei: "Tudo bem, Burt?" "Péssimo!...", respondeu Burt de cima do caminhão, com seus trajes brancos e as duas asas de anjo para cima. Eu perguntei para Burt, que continuava imóvel sobre a carroçaria do caminhão. Burt não podia se mover devido ao excesso de peso das enormes asas brancas, e mantinha-se de pé segurando na capota do caminhão. Burt começou a se queixar que os fios de náilon que o prendiam ao helicóptero não estavam firmes, e que o peso das asas era excessivo. Burt continuava se lamentando e dizendo que era perigoso ele permanecer pendurado no topo da coluna de fogo produzida pelo lança-chamas. Eu apontei para Burt o negro e disse que ele era um técnico em lança-chamas e que não existia nenhum perigo de ele ser queimado. Burt disse que eu poderia realizar uma sobreimpressão no negativo do filme que todos os problemas estariam resolvidos. Eu me irritei com Burt e disse que tudo que estava fazendo era em prol do realismo do filme, e que o público não acreditava nas sobreimpressões imperfeitas e borradas. Eu me tornei mais irritado com Burt quando ele começou a falar dos fios de náilon transparentes que o iriam prender ao helicóptero. Eu gritei irritado com Burt dizendo que eu pretendia colocar o seu dublê na cena da fuga dos judeus, mas que ele é que havia insistido para ser ele mesmo o Anjo do Senhor. Burt continuou falando de cima do caminhão dizendo que ele nunca havia usado dublê em nenhuma produção, mesmo nas cenas de perigo. Eu saltei para a carroçaria do caminhão ao lado de Burt e gritei para o motorista, batendo na capota: "Estúdio F!" O motorista deu a partida rápido e o caminhão tomou o rumo do estúdio F. O caminhão realizou uma curva e estacou à frente do amplo edifício do estúdio

F. Eu saltei do caminhão e três operários ajudaram Burt a saltar. Diante do imenso pátio do estúdio F estava a multidão de extras, uns sentados ao lado dos outros conversando entre si. Os três assistentes de direção correram para mim e disseram que estavam instruindo a multidão de extras a respeito da filmagem por meio dos alto-falantes. Eu avistei no meio da multidão, vestido de longas túnicas, Cary Grant com sua imensa barba de patriarca e cabeleira branca. Cary Grant estava de cajado na mão e com uma grossa túnica cinzenta que chegava até os pés. Eu me aproximei de Cary Grant e disse que ele precisava se compenetrar do papel, e perguntei se os assistentes haviam dado as instruções. Os assistentes responderam que todas as instruções foram dadas minuciosamente. Cary Grant havia retirado as longas barbas para ouvir melhor. Eu disse para ele interpretar a cena da abertura do mar. Cary Grant levantou o cajado e eu o interrompi dizendo que ele deveria recolocar a barba. Cary Grant recolocou a barba e fez um movimento impetuoso elevando o cajado para o alto. Eu disse que deveria ser um gesto mais enérgico e dramático, correspondente ao de patriarca do povo judeu. Cary Grant repetiu o gesto de elevar o cajado e eu disse que estava bom e perguntei se ele já havia decorado o diálogo que ele teria com Deus. Os assistentes responderam que Yul Brynner e Cary Grant já tinham ensaiado os diálogos entre Deus e Moisés. Eu me despedi de Cary Grant e fiz sinal para o caminhão, saltei para cima e disse: "Estúdio H!" Burt fez um sinal para mim mostrando os fios de náilon que o prendiam ao helicóptero, o caminhão passou perto de Burt e eu gritei: "Eu volto!", e o caminhão tomou o rumo do estúdio H zunindo entre as duas ruas onde estavam espalhados os extras vestidos de soldados egípcios e de judeus. O caminhão passou ao lado da biga de John Wayne, que trotava pelas ruas. John Wayne estava de couraça e vestido de faraó. O caminhão ultrapassou a biga, dobrou a esquina e estacou diante do estúdio H. Eu saltei do caminhão e entrei no estúdio, sendo saudado pelos dois porteiros. Entrei no estúdio de alto teto iluminado pelos refletores e no fundo a enorme tela azul representando o céu, os refletores acesos, duas gruas, três câmaras cinematográficas. Yul Brynner estava sobre um estrado envolto por uma nuvem branca. Eu acenei para Yul Brynner e fiz um sinal para que ele permanecesse no lugar. Eu disse para o meu assistente aumentar a nuvem branca soltando um pouco mais de gás, que os refletores faziam com que uma das pontas do estrado ficasse visível. Aquela tomada seria feita pelo meu assistente e eu dava as instruções para a filmagem de Yul Brynner sobre a nuvem. Eu gritei para o assistente dizendo que estava tudo ótimo, que ele poderia filmar a cena de Deus sobre as nuvens, e abandonei o estúdio dizendo que iria começar a filmar as cenas de massa. Eu entrei no pátio e o meu produtor conversava com o seu assistente. Eu dei um tapa nas costas de meu produtor e ri. O meu produtor estava apreensivo com o custo da minha superprodução "A Bíblia", e eu procurava convencê-lo apontando os cenários que representavam o palácio de Nabucodonosor. Eu explicava para o produtor as tomadas de cima, nos jardins do palácio, feitas com cinco helicópteros com câmara *zoom*. O meu produtor continuava tentando me dissuadir de usar cinco helicópteros para as tomadas, quando eu ouvi um "Hei!" nas minhas costas e duas mãos de mulher me cobrindo os olhos. Eu voltei-me e ri girando Marilyn nos meus braços. Eu soltei Marilyn Monroe no chão e a apresentei cordialmente ao meu produtor dizendo que Marilyn Monroe iria interpretar dois papéis na superprodução: o de Betsabá e o de Sara. O produtor ficou irritado e disse que eu desconhecia as Sagradas Escrituras e que como eu poderia usar uma jovem para fazer o papel de Sara, mulher de Abraão. Marilyn saltou nas pontas dos pés e me deu um beijo na testa. Eu limpei o batom e disse para o meu produtor ir tratar do pagamento da multidão de extras que se acumulava nos portões do estúdio. Eu disse que iria filmar a partir das duas horas da tarde a cena em que Nabucodonosor enlouquece e come capim. O produtor se afastou de cabeça baixa e eu perguntei para ele gritando de longe: "E John Wayne?" O produtor voltou a cabeça e fez um gesto com as mãos procurando demonstrar que não sabia se ele já havia chegado. Eu abracei Marilyn pela cintura e desci as escadarias que ligavam o edifício da administração com os imensos pátios do estúdio onde estava armado o palácio de Nabucodonosor. Marilyn disse que estava com fome e iria até o bar comer um sanduíche. Eu me despedi de Marilyn Monroe com um aceno e saltei para o jipe que estava ao meu lado. Eu disse para o motorista contornar o palácio de Nabucodonosor que eu iria fazer uma revisão nos cenários. Eu parei junto à portada principal e passei a examinar os painéis pintados nas altas muralhas. Os painéis imitavam grandes tijolos de pedra e representavam dois touros um de cada lado da portada principal. Eu comandei para o jipe passar da esquerda para a direita, onde eu pretendia realizar um traveling. Eu acendi um charuto e apanhei o meu monóculo de enquadramento da câmara e comandei para o jipe caminhar lentamente junto da murada. Quando eu estava passando junto à porta principal o jipe parou e eu gritei irritado com o motorista. John Wayne buzinava à frente do jipe com sua Ferrari e acenava com a mão para mim. Eu saltei do jipe rindo e chutei a porta da Ferrari. John Wayne sorriu e perguntei a ele se já havia experimentado a barba. John Wayne sorriu e disse que não havia experimentado. Eu saltei sobre o paralama da Ferrari e disse para John Wayne ir para o edifício que servia de guarda-roupa. John Wayne fez um barulho com a boca imitando o ronco do motor e apertou o acelerador. Eu ia sentado sobre o paralama da Ferrari, que atravessava as avenidas do estúdio, imitando a sirena da polícia. Os extras, que formavam cinco filas junto aos guichês, abriram passagem para a Ferrari, que avançou para cima da multidão. A Ferrari abriu as cinco filas e eu acenei rindo para os extras que praguejavam fechando as mãos. A Ferrari estacou com chiado de pneus e eu caí para frente de pé. John Wayne se espantou com a minha acrobacia, e eu chutei a porta do edifício que servia de guarda-roupa e eu e John Wayne entramos batendo com os pés no chão. Nós ouvimos um grito de silêncio e um mandarim de barbicha saiu do fundo do corredor. "Ah!... Charles Boyer!", gritei eu. Eu critiquei a maquilagem de grande sacerdote de Charles Boyer dizendo que ele parecia um mandarim, e que as pestanas deveriam ser grossas e ele não deveria usar aquele bigodinho virado para baixo, mas um cavanhaque trançado. Charles Boyer conversou com o maquilador e este se desculpou inclinando o corpo para mim. Eu arranquei uns guizos presos no ombro de Charles Boyer e disse que não eram necessários os guizos. Eu e John Wayne continuamos batendo os pés no corredor e entramos no depósito de barbas. Eu chamei o funcionário encarregado das barbas, que estava dormindo sentado à mesa. O funcionário acordou assustado e pedi o mostruário de barbas. Eu e John Wayne percorremos o mostruário e escolhemos a barba número 453 do século X antes de Cristo. O funcionário correu entre as estantes onde estavam dependuradas as barbas e trouxe a barba número 453. Eu coloquei a barba em John Wayne e pedi a ele que se afastasse para observar melhor no espelho. John Wayne disse que os bigodes da barba o atrapalhavam quando ele falava. Eu pedi que ele pronunciasse algumas frases e verifiquei que aquela barba não era possível ser usada. Arranquei o bigode da barba e voltei a colocá-la em John Wayne. John Wayne soltou um largo sorriso e disse que agora ele conseguia falar normalmente. Eu me despedi de John Wayne e comandei que experimentasse a toga dourada nos vestiários, e não esquecesse a espada e o cetro real. John Wayne continuou se observando no espelho e eu fui verificar como o exército de Nabucodonosor estava se preparando para a filmagem. Gritei do fundo do corredor para John Wayne perguntando se poderia usar a sua Ferrari para ir para o outro estúdio. John Wayne fez um aceno de despedida e eu saí do depósito de barbas e voltei para o interior da Ferrari. Acelerei a Ferrari e instantes depois eu estava no pátio onde se realizava a ordem-unida do exército de Nabucodonosor. Todos os extras já se encontravam vestidos de couraças, escudos e lanças. O meu assistente de direção gritava no alto-falante procurando treinar os extras na ordem-unida. Eu arranquei o alto-falante da mão do meu assistente e passei a gritar com os extras que faltava energia ao exército. Eu dei uma ordem de marcha para o exército, mas este se conduzia desordenadamente pelo pátio e alguns extras mais fracos não aguentavam o escudo de latão. Eu voltei a repetir no alto-falante que faltava energia à marcha. Eu gritei com o assistente dizendo que eu havia recomendado que não se contratassem para o exército os fracos e incapazes. Eu gritei no alto-falante para o exército que eles poderiam abandonar couraça, escudo e lança e se dirigissem para o edifício de guarda-roupa, que todos seriam aproveitados como eunucos. O exército se dissolveu com tumulto e permaneceu somente um pequeno grupo à esquerda. Eu comandei que todos os extras poderiam ir para o edifício que servia de guarda-roupa, e os extras abandonaram o pátio em grupos. Eu disse para o meu assistente de direção telefonar para todas as academias de halterofilismo existentes na cidade e contratar os halterofilistas para formar o exército de Nabucodonosor. Eu saltei novamente para a Ferrari e fui verificar os cinco helicópteros que deveriam participar da filmagem da cena da loucura. Os mecânicos estavam examinando os motores e disseram que um dos helicópteros não poderia participar da filmagem. Eu fui até a oficina e telefonei para a seção de engenharia e comandei a construção de uma torre para substituir o helicóptero avariado. O engenheiro-chefe praguejou contra mim no telefone, mas eu ameacei despedi-lo se não cumprisse imediatamente a minha ordem e desliguei o telefone. Voltei para a oficina dos helicópteros e disse para os mecânicos que tentassem consertar o helicóptero, mas caso ele não pudesse entrar em ação eu já havia cuidado de substituir o helicóptero por uma torre. Eu subi novamente na Ferrari, atravessei o pátio do estúdio M zunindo e estaquei o carro entre os helicópteros. Eu saltei da Ferrari e entrei no helicóptero. O piloto do helicóptero apertou o botão e as enormes pás começaram a girar. Eu fiz um aceno para os operadores que estavam no campo de pouso, e o helicóptero começou a se elevar levantando pó à sua volta. Os outros helicópteros que traziam as câmaras cinematográficas ainda estavam no solo. Eu coloquei o aparelho de rádio no ouvido e me comuniquei com a estação central. Eu comandei que as ligações fossem feitas em todos os cantos do estúdio e que a filmagem da cena "A Fuga dos Judeus" se iniciaria. O operador do rádio me respondeu e eu olhei para baixo e vi os trinta helicópteros vermelhos e amarelos estacionados junto aos hangares. Eu comandei para os trinta pilotos que poderiam levantar voo. Eu olhava para baixo e via os edifícios que formavam os estúdios e outra série de vinte helicópteros azuis que deveriam transportar os anjos. Eu comandei a eles que poderiam levantar voo suspendendo cada um deles cinco anjos por meio de cabos de náilon transparentes e invisíveis. A frota de trinta helicópteros que transportava as câmaras cinematográficas formava uma fila imóvel a quinhentos metros do solo. Os helicópteros azuis começaram a se elevar e eu vi os cem anjos se elevando a cinquenta metros abaixo dos helicópteros. Os extras, que estavam vestidos de branco e com amplas asas abertas, estavam temerosos da sua instabilidade, mas a organização era perfeita e os cem anjos formavam um grande triângulo suspenso acima dos edifícios do estúdio. Eu comandei que um dos helicópteros de câmara cinematográfica realizasse um voo paralelo ao grande triângulo de anjos para treinamento. O primeiro helicóptero da fila de trinta desceu alguns metros, realizou uma curva no ar e sobrevoou paralelamente, como se estivesse filmando o triângulo de cem anjos. Eu gritei pelo rádio que estava ótimo, e que o voo no triângulo de anjos deveria se deter um pouco no vértice superior para a câmara cinematográfica focalizar precisamente Burt Lancaster como Anjo do Senhor. Eu entusiasmei pelo rádio os vinte pilotos dos helicópteros azuis para que eles se deslocassem naquela formação dirigindo-se para o campo de filmagens. Eu disse para o meu piloto imprimir maior velocidade ao helicóptero, que eu pretendia verificar o funcionamento da coluna de fogo. Eu me comuniquei com o técnico responsável pelo lança-chamas e perguntei se estava tudo pronto. Eu ouvi sua voz pelo rádio e ele respondeu que estava tudo perfeito. Eu sobrevoei a uns cem metros a colina de onde deveria sair a coluna de fogo e vi mergulhado numa toca o técnico agitando ao longe os braços para mim. O helicóptero que eu usava se afastou e eu comandei para o técnico que ele ligasse o lança-chamas. Eu vi subir da colina uma enorme coluna de fogo vermelha e dourada e gritei para o técnico que estava ótimo. Eu perguntei pelo rádio se a coluna de fogo não aumentaria de tamanho e se o vento não iria afetar a direção da coluna. Eu acrescentei para o técnico que o triângulo de cem anjos iria permanecer acima da coluna de fogo e eu temia pela vida daqueles que deveriam permanecer sobre a coluna de fogo. Eu ouvi a voz do técnico respondendo que não havia o que temer, e que os perigos seriam insignificantes e que a coluna de fogo permaneceria vinte metros abaixo do triângulo de anjos. Quando a voz do técnico em lança-chamas terminava a frase eu vi ao longe a aproximação do gigantesco triângulo de cem anjos. Todos os anjos estavam de asas abertas e mantinham uma distância de três metros uns dos outros. Os anjos que formavam o lado inferior do triângulo, eram quarenta anjos, levavam trombetas douradas. Eu me comuniquei com os vinte helicópteros azuis que suspendiam os anjos por meio de cabos de náilon invisíveis, e disse que poderiam permanecer a cem metros acima da coluna de fogo e que os pilotos verificassem se a fumaça desprendida pela coluna de fogo não iria sufocar os anjos. O comandante dos vinte helicópteros azuis respondeu pelo rádio dizendo que tudo estava perfeito e que os pilotos haviam sido treinados para carregar os anjos presos aos cabos de náilon. Os cabos de três anjos, dois de um mesmo helicóptero e um de outro helicóptero, se entrelaçaram e eu gritei pelo rádio para que os helicópteros não se afastassem e que existia o perigo de partir os cabos de náilon. Os três anjos procuraram se movimentar balançando-se nos cabos e depois de alguns instantes conseguiram desprender os cabos uns dos outros, mas um dos anjos perdeu as duas asas e elas caíram. Eu praguejei pelo rádio enquanto via as duas asas brancas deslizando no ar e as duas caindo junto à colina de onde saía a coluna de fogo. Eu comandei pelo rádio que o anjo que perdeu as asas deveria ser içado. O piloto de helicóptero azul compreendeu imediatamente as minhas ordens e o anjo que perdeu as asas começou a ser elevado pelas pequenas polias presas ao helicóptero, e instantes depois o extra de túnica branca e trombeta dourada entrava no helicóptero fazendo um gesto ao longe como se estivesse pedindo desculpas. Eu falei com o piloto do meu helicóptero apontando para frente, onde estava situado ao longe e sob os nossos pés o mar de gelatina. O helicóptero em que eu estava realizou uma curva e eu ordenei pelo rádio que o técnico desfizesse a coluna de fogo. O helicóptero seguia a ampla planície verde e ondulada definida pelo mar de gelatina. O triângulo de anjos ficava para trás e eu vi ao longe a coluna de fogo diminuir e se extinguir completamente. Abaixo do helicóptero eu via a linha definida pelos cabos e pelas redes de náilon que deveriam abrir as duas muralhas no mar de gelatina para a passagem do povo judeu. O helicóptero sobrevoava o final do mar de gelatina e eu via ao longe as barracas dos judeus estendidas na longa praia e os extras sentados ao redor delas. Eu me comuniquei com os meus assistentes que se encontravam nos caminhões ao lado da praia e gritei com eles pelo rádio que a filmagem estava para ser iniciada e que aqueles caminhões não deveriam estar ali, e que os extras que representavam o povo judeu deveriam estar dentro de suas tendas, e finalizei perguntando se Cary Grant, que representava Moisés, estava maquilado. Eu ouvi a voz temerosa dos meus assistentes, e logo em seguida os quatro caminhões, levantando pó, se dirigiram em alta velocidade para o estúdio. Num voo mais baixo de helicóptero eu pude ver Cary Grant de longas barbas encostado a uma palmeira. Eu acenei para ele do helicóptero e ele se assustou como se estivesse pensando que a filmagem já tinha sido iniciada. Em seguida eu vi os meus dois assistentes correndo na praia e dirigindo-se para Cary Grant. Eu falei com o piloto do meu helicóptero e disse que nós deveríamos ir para o acampamento do exército egípcio. O acampamento estava situado a quinhentos metros da praia e eu vi as setecentas bigas alinhadas e a esplêndida biga do faraó situada à frente de todo o exército. Os soldados a pé eram em um número de oitocentos mil e estavam alinhados formando grupos compactos de cem. Todos carregavam as suas longas lanças e estavam protegidos por couraças douradas. Os trezentos mil arqueiros estavam desordenados ao lado do edifício do estúdio. Eu me comuniquei pelo rádio com um de meus assistentes, e logo em seguida eu ouvi os berros ao longe do assistente que gritava com os extras arqueiros por um alto-falante que eles deveriam ocupar as suas posições. John Wayne estava ao lado de seus cavalos e um ajudante ajustava a sua couraça. Eu vi os arqueiros correndo caoticamente para as suas posições, e instantes depois todos ocupavam vários grupos retangulares e situados a cinquenta metros depois do grande exército. O helicóptero seguiu a linha das trinta e cinco torres de aço que suportavam os imensos holofotes e os curvos e amplos rebatedores brilhando à luz do sol. O helicóptero atravessou a luz refletida de um dos rebatedores e eu senti os meus olhos se ofuscarem com a intensidade da luz. As altas torres construídas de barras de ferro umas presas às outras se elevavam a uma altura de noventa metros, e eu via os operários ajustando a direção dos potentes holofotes e dos amplos rebatedores de luz. Eu gritei para ser ouvido pelo meu piloto e comandei que ele se dirigisse para a praia onde estavam acampados os novecentos mil judeus; o barulho produzido pelas pás do helicóptero era muito grande, e eu avistei ao longe as dez mil tendas coloridas dispostas ao longo da praia e no fundo a imensa massa verde que representava o mar. Eu me comuniquei com os meus assistentes e perguntei se todos estavam preparados. Os meus assistentes responderam afirmativamente e eu imediatamente chamei os trinta helicópteros que transportavam as câmaras e dei ordem para o início da filmagem. O ruído estridente de uma sirena encheu toda a extensão da praia e eu vi ao longe os imensos ventiladores ligados na direção do exército egípcio. Os operários jogavam talco na boca das pás e logo em seguida uma imensa nuvem de pó se formou diante dos cinquenta ventiladores. Os helicópteros que transportavam as câmaras mantinham-se imóveis filmando a nuvem de pó. E outros dez helicópteros acompanhavam uma multidão de cem mil judeus correndo desordenadamente para o cimo de uma colina. Os cem mil judeus corriam pela praia e subiam a colina. Quando a grande multidão atingiu o cimo da colina, todos gritaram amedrontados apontando a nuvem de pó, que significava a aproximação do exército egípcio. Instantes depois a multidão de cem mil judeus corria em sentido contrário, na direção da tenda central do acampamento. A multidão gritando em pânico cercou a tenda e logo em seguida os novecentos mil judeus homens e mulheres gritavam na praia apontando para a nuvem de pó. Os helicópteros circulavam sobrevoando a praia em todos os sentidos e eu via as câmaras fixadas nas plataformas armadas nos helicópteros. Todos os poderosos holofotes estavam ligados e os rebatedores de luz enviavam fortes reflexos da luz solar para a praia onde os novecentos mil judeus se movimentavam caoticamente. Cary Grant, que interpretava Moisés, foi arrancado da tenda pela multidão em fúria e todos apontavam ao longe para a nuvem de pó. Eu mantinha ligação pelo rádio com todos os postos e controlava todos os travelings filmados dos helicópteros. Moisés estava sendo agredido pela multidão e corria pela praia sendo perseguido pela multidão de novecentos mil judeus. Moisés segurava o cajado na mão direita e corria sendo perseguido pela multidão. Eu comandei para os meus assistentes que o exército egípcio poderia avançar atravessando a nuvem de pó levando à frente John Wayne com sua biga. O meu helicóptero sobrevoou a nuvem de pó e eu vi o exército egípcio brilhando ao sol com suas couraças douradas e as milhares de cabeças organizadas em blocos. Os assistentes gritaram dos alto-falantes e eu vi John Wayne, que representava o faraó egípcio, chicotear os dois cavalos que puxavam a sua biga. Imediatamente os outros chefes chicotearam seus cavalos e as bigas avançaram todas enfileiradas num galope furioso. O restante do exército, os trezentos mil arqueiros e os trezentos mil soldados corriam mantendo a formação dos blocos e agitando as suas lanças acima dos elmos. Logo em seguida os que ocupavam as bigas e seguiam à frente acompanhando John Wayne transpuseram os cem imensos ventiladores e desapareceram na nuvem de pó. Os operários continuavam lançando talco na frente dos ventiladores que retiravam dos enormes sacos. Instantes depois toda a multidão de setecentos mil homens que compunham o exército egípcio desaparecia na nuvem de pó produzindo um grande tumulto de gritos de guerra e do galope dos cavalos. Moisés continuava a ser perseguido pelos novecentos mil judeus quando as vinte mil bigas[2] surgiram da nuvem de pó ao longe transpondo as colinas. A multidão de judeus soltou um grito uníssono de terror e todos permaneceram paralisados esquecendo de perseguir Moisés. Cary Grant, que interpretava Moisés, com as suas longas barbas parou diante do mar elevando o seu cajado. Eu comandei pelo rádio que o triângulo de cem anjos fosse transportado imediatamente para o cimo da colina de

---

2 Apesar de o autor indicar que são vinte mil bigas, a seguir, e no mesmo contexto, são citadas dez mil bigas. Esta edição optou por manter a discordância original.

onde deveria sair a coluna de fogo. Eu vi ao longe os trinta helicópteros conduzindo o triângulo de cem anjos e Moisés apontar com o cajado para o triângulo de cem anjos. A multidão de judeus ainda se mantinha aterrorizada olhando para o exército egípcio correndo pela planície. Moisés gritou e alguns se voltaram e chamaram a atenção dos outros. Depois que a multidão de novecentos mil judeus olhava para o triângulo de anjos, Moisés voltou a elevar o cajado e o mar de gelatina verde foi se abrindo com um estrondo. O mar de gelatina abriu para os lados construindo uma muralha verde e no fundo do gigantesco corredor ascendeu a imensa coluna de fogo. O lança-chamas funcionava perfeitamente e eu vi a multidão de judeus transpor Moisés, que se mantinha estático com as mãos para cima, e entrar correndo em pânico pelo imenso corredor aberto no mar de gelatina verde. Todos corriam caoticamente e em pânico e o último a correr foi Moisés, que entrou na imensa muralha de gelatina verde. As primeiras bigas entravam na praia num galope veloz seguindo de perto a biga do faraó egípcio. Os trezentos mil arqueiros e os quatrocentos mil soldados de lanças elevadas acima da cabeça corriam saltando os tufos de vegetação da planície e provocando um grande tumulto com os seus gritos. A biga de John Wayne estacou diante do corredor formado pelas duas muralhas verdes e em seguida estacaram as dez mil bigas. A multidão de soldados entrava na praia desordenadamente correndo e agitando suas lanças quando o faraó chicoteou os seus dois cavalos e a sua biga entrou no corredor cercado pelo mar de gelatina. Instantes depois todo o exército egípcio penetrava impetuosamente entre as duas muralhas verdes gritando e saltando uns à frente dos outros. Eu via no fundo do imenso corredor o triângulo de cem anjos e a coluna de fogo vermelha e dourada desprendendo fumaça. Os trinta helicópteros que levavam as câmaras zumbiam em todas as direções. Dez deles se mantinham imóveis girando suas pás a uma altura de duzentos metros do mar de gelatina, e os outros vinte helicópteros deslizavam em todos os sentidos sobrevoando a praia e o longo corredor formado pelas duas muralhas verdes. A multidão de novecentos mil judeus atingiu a colina onde estava situado o lança-chamas, e eu comandei que abrissem os alçapões subterrâneos por onde deveriam escapar os extras do exército egípcio e que fechassem as muralhas do mar de gelatina. Eu vi os alçapões sendo abertos e o exército egípcio desaparecendo nos subterrâneos abertos no fundo do mar e as imensas muralhas verdes despejando-se sobre si mesmas. A coluna de fogo aumentou de tamanho e os novecentos mil judeus que estavam colocados na colina ajoelharam-se olhando para o triângulo de cem anjos que se mantinha elevado acima da coluna de fogo. Nesse instante eu comandei o corte da filmagem. A grande cena "A Fuga dos Judeus" estava terminada. O mar de gelatina novamente estava horizontal e plano. Dois helicópteros encarregados da filmagem subiram acima do triângulo de anjos e avançavam em direção ao campo de pouso. Eu gritei pelo rádio, mas os dois helicópteros se chocaram com os cabos de náilon que suspendiam os anjos e os cabos se partiram. Eu vi sete anjos despencando sobre a multidão de judeus e a multidão de extras correndo. Dois anjos desapareceram mergulhando no mar de gelatina e os outros cinco caíram de asas abertas sobre a multidão de extras matando e ferindo cinquenta. Um dos helicópteros estava em chamas e o outro, com a hélice de direção avariada, tentava aterrissar sobre um edifício. O helicóptero em chamas explodiu no ar arremessando pequenos fragmentos para todos os lados e matando o piloto e os dois cinegrafistas. Eu ainda gritava pelo rádio advertindo os helicópteros. A coluna de fogo se extinguiu, e eu perguntei pelo rádio sobre Burt Lancaster, que representada o Anjo do Senhor, se ele não corria perigo. Eu recebi uma praga pelo rádio reconhecendo a voz de Burt Lancaster, ele deveria ter sido içado pelo helicóptero que o suspendia pelos cabos de náilon . Eu falei para o meu piloto que ele poderia descer na praia. Enquanto o helicóptero que eu ocupava sobrevoava o mar de gelatina se dirigindo para a praia eu ouvi a sirena das cinco ambulâncias que se aproximavam em alta velocidade dos feridos que se encontravam na colina. O meu helicóptero desceu na praia e quando ainda não tocava o solo eu vi três assistentes saltando de um jipe e atravessando a praia entre as tendas coloridas. Os três assistentes corriam para o meu helicóptero. Eu saltei do helicóptero e os três assistentes falavam ao mesmo tempo dizendo que duzentos e cinquenta extras que representavam os arqueiros do exército egípcio estavam soterrados no mar de gelatina. Eu gritei para os meus assistentes e corri para o rádio do helicóptero. Eu procurava me comunicar com o engenheiro-chefe, mas o rádio mantinha uma série de interferências e eu ouvia quatro ou cinco vozes ao mesmo tempo. Pedi ligação para o gabinete do produtor. Os rebatedores de luz das altas torres de ferro ainda estavam ligados para a praia e eu agitei os braços comandando os operários para que desligassem os holofotes e desviassem os rebatedores da luz do sol. Eu consegui me comunicar com o gabinete do produtor e ele perguntou se estava tudo perfeito. Eu respondi: "Tudo perfeito", e acrescentei que ocorreram alguns acidentes inevitáveis e alguns extras estavam feridos e outros mortos, mas a companhia de seguro deveria pagar as indenizações por morte ou invalidez dos extras. O produtor respondeu amigavelmente que ele pretendia ver as cópias imediatamente depois de reveladas, e eu respondi que nós nos encontraríamos na sala de projeção número 5 na quinta-feira às dez horas. Desliguei e consegui a ligação com o engenheiro-chefe encarregado do mecanismo do mar de gelatina. O engenheiro-chefe respondia com uma voz pausada que os erros técnicos foram insignificantes e que os seus ajudantes atuaram com precisão e perícia técnica. Eu desliguei o rádio e me afastei do helicóptero. Os três assistentes conversavam com o piloto a alguns passos do helicóptero. Eu estava cansado e olhava ao longe os extras que participavam da multidão de judeus e que estavam feridos com a queda dos anjos sendo transportados em pequenas macas para as ambulâncias. Um dos assistentes se aproximou perguntando se eu iria jantar no restaurante do estúdio. Eu respondi negativamente e eu vi estacando ao lado do jipe dos meus assistentes o imenso automóvel preto do produtor. O produtor saltou do carro e sorriu para mim ao longe elevando os braços para cima.

Quando eu cheguei ao aeroporto, eu ainda estava tomado pela minha própria inércia e pelo ruído uniforme do motor. Atravessei a multidão e os bares do aeroporto, entrei na praça e tomei um táxi. Trinta minutos depois eu estava em Hollywood e entrava no estúdio F. Burt Lancaster estava sentado na mesma cadeira em que ele estivera sentado três meses antes. Eu conversei com Burt, e Burt perguntou por Sinatra, e eu respondi que Frank Sinatra estava bebendo muito, e quando não bebia passava os sábados e domingos dormindo. O iluminador se aproximou e disse que naquele dia a filmagem terminaria mais cedo. Os acionistas de Hollywood iriam se reunir ali no amplo estúdio de filmagem. Quando o iluminador se aproximou de Burt Lancaster todos os técnicos se levantaram provocando um grande ruído de arrastar cadeiras e fechar gavetas, e logo em seguida se movimentaram rapidamente vestindo os seus paletós e carregando as suas pastas na direção da porta de saída situada no fundo do estúdio. Quando eu atravessava o imenso estúdio com as três mil e seiscentas poltronas vazias, o grupo de quarenta ou cinquenta acionistas de Hollywood já se reunia em torno da mesa circular trocando informações entre si, discutindo, e retirando de suas pastas as cotações da bolsa de valores. Eu saí do amplo estúdio e desci de elevador com Burt Lancaster. Quando eu e ele atravessávamos o vestíbulo do prédio, o zelador nos abriu passagem empurrando a porta de vidro. Eu comentei com Burt que o zelador era muito semelhante a Laurence Olivier e que eu tinha visto o zelador atravessando os corredores do estúdio de chapéu e terno, e com a cabeça pendida, e tinha pensado no grande ator intérprete de Shakespeare. Eu me despedi de Burt e entrei no estúdio M e os atores e atrizes andavam diante do amplo espelho. Cecil B. de Mille ainda não tinha chegado e eu acenei para Marilyn Monroe, fui até o vestiário, coloquei um calção e voltei. Quando eu entrei novamente no salão o iluminador perguntou para mim se eu iria participar a filmagem. Eu respondi que não iria participar da filmagem. Depois eu parei diante do espelho e permaneci alguns instantes observando Marilyn Monroe, a atriz adolescente, se movimentando à frente do amplo espelho. Marilyn Monroe olhou para mim pelo espelho, sorriu e fez com os braços como se fosse halterofilista mostrando a sua força. Eu ri e disse que ela tinha os braços muito fortes, e eu procurei ressaltar o meu bíceps e depois olhei para o bíceps de Marilyn. Os braços de Marilyn Monroe eram muito musculosos e fortes, e eu pensei que ela deveria ter feito halterofilismo, mas naquele instante entraram o cenógrafo e os seus ajudantes e o diretor Cecil B. de Mille carregando partes do cenário. O cenógrafo era um antigo colega de universidade, a montar o cenário, mas ele dispensou a minha ajuda discretamente como dizendo que eu iria atrapalhar a montagem do cenário. Eu desci do palco, enquanto os operários, o cenógrafo e o diretor trabalhavam com rapidez e habilidade na montagem do cenário. Instantes depois o cenário estava montado, e era o interior de uma casa agradável e simples. Os atores entraram no cenário e começaram a representar uma família americana classe média. Eu sorria com a cena que transcorria no palco e me sentia feliz. Os atores representavam uma família feliz, e eu via na porta da casa um vaso de flores, e eu me sentia feliz de ver aquela família classe média americana, o pai conversando com a filha, o filho conversando com a mãe e os irmãos. A harmonia e a felicidade da cena se transmitiam para mim, e eu sorria imaginando que eu futuramente poderia formar uma família exatamente igual àquela. Eu saí do estúdio M, atravessei os portões e fui caminhando para a ponte pênsil que ligava à outra parte de Hollywood. O submarino de alumínio entrava na baía fora da água e lembrava um transatlântico pelo tamanho e pelo costado liso e prateado. Eu permaneci na mureta aguardando a submersão do submarino, que deveria ser um espetáculo grandioso. O submarino de alumínio realizava uma manobra em torno de si mesmo e girava lentamente. Eu continuei olhando as enormes placas de alumínio que fechavam o submarino, e depois eu fui para o bar do estúdio e sentei ao balcão. Ao meu lado sentaram Marilyn Monroe e um rapaz de terno. Eu estava cortando o longo pão com a faca e encontrava dificuldade em partir o pão quando Marilyn entrou acompanhada do rapaz. Marilyn Monroe me cumprimentou gentilmente e sentou ao meu lado, e o rapaz ajeitou a cadeira para Marilyn. A minha cadeira estava fixada muito perto do balcão e eu era obrigado a manter as pernas abertas para comer o que estava no meu prato. Marilyn Monroe continuava conversando com o rapaz, que estava bem vestido e deveria ser um ator. Eu chamei o garçom que estava no fundo do restaurante atendendo um grupo de rapazes e pedi um frango assado. Eu demostrava uma certa irritação pela demora com que o garçom havia me atendido. E logo que o garçom se aproximou eu percebi pelo seu rosto que existia uma animosidade entre mim e ele. Depois de algum tempo o garçom retornou do fundo do restaurante trazendo uma tigela da canja de galinha. Eu me irritei com o garçom e nós começamos a discutir. Eu dei um soco no rosto do garçom, e Marlon Brando, que se encontrava na porta do restaurante, me chamou com uma voz entediada dizendo que não havia motivo para luta. Eu discuti mais alguns instantes e depois vi o dono do restaurante saindo do balcão ao lado da caixa registradora. Eu saí do restaurante ao lado do ator Marlon Brando e comentava a discussão com ele. Nós descemos uma escada de pedreiro formando uma fila e saímos no jardim do restaurante. Eu olhei para o céu escuro e vi um avião a jato sobrevoando o céu escuro da cidade lentamente. O movimento do avião a jato lembrava o de um balão de gás, e eu vi as minúsculas janelas iluminadas e a chama azul desprendida pelos tubos de jato. Eu saí do terraço e estava passeando no pátio do estúdio, onde jogava vôlei um grupo de extras. Eu encontrei Elizabeth Taylor e fui dar uma volta em torno do estúdio segurando-a pela cintura. Liz Taylor estava de biquíni e nós atravessamos o pátio, contornamos o edifício do estúdio e eu apontei para ela uma usina de açúcar. Do alto da usina as canas espremidas e secas eram jogadas e formavam uma montanha imensa. Eu comentei com Liz Taylor que deveria ser difícil subir ou descer a montanha de canas secas. Nós dois voltamos para o pátio do estúdio, onde um grupo de extras jogava vôlei, e quando nós entramos no pátio eu vi Marilyn Monroe de biquíni, mas sem soutiã, com os seios à mostra. Marilyn talvez pretendia ser irreverente com os produtores de Hollywood jogando vôlei com os seios de fora. Eu olhei para os seios de Marilyn Monroe e vi que um deles era menor que o outro e um pouco murcho. Marilyn Monroe atravessou a quadra de tênis, ela deveria estar fatigada, caminhou na borda da piscina e entrou no Oldsmobile. O Oldsmobile estava parado e eu me aproximei e percebi que ela estava com a cabeça encostada ao vidro e dormia. Marilyn Monroe abriu os olhos um instante, e quando percebeu que eu me encontrava do outro lado da quadra de tênis, fechou os olhos novamente e permaneceu fingindo que dormia. Eu voltei e passei na frente da loja de automóveis e vi através do vidro um Jaguar esporte. Era um Jaguar esporte de cor preta. Eu entrei, e logo o vendedor sorriu para mim saindo do fundo da loja. O Jaguar estava envolto num papel celofane e uma fita vermelha larga e brilhante prendia a frente e formava um laço sobre a capota de lona. O Jaguar era conversível. Eu contornei o carro e o vendedor emitiu uma primeira sílaba e eu fiz um gesto para que ele se calasse e fui obedecido prontamente. Eu contornava em silêncio o motor alongado e os dois assentos forrados de couro preto. Eu fiz um sinal para o vendedor e disse: "É este mesmo". O vendedor perguntou se eu desejava que se retirasse o papel celofane, e em seguida me conduziu para o balcão onde eu assinei o cheque. O vendedor retornou para perto do Jaguar e continuou gesticulando e dizendo a respeito das perfeições do carro. Eu disse: "Pode desembrulhar". O vendedor se atrapalhou um pouco com a minha ordem, mas imediatamente passou a retirar o celofane que envolvia o carro. O vendedor retirou o celofane, em seguida puxou a fita vermelha e abriu a porta. Eu entrei no Jaguar, sentei-me, e coloquei as mãos sobre a direção. O painel era preto e os ponteiros brilhavam marcando a velocidade. Eu verifiquei pelo ponteiro se o tanque estava cheio, e o vendedor entregou-me a chave, eu introduzi a chave e liguei o motor. O motor roncou alto e o vendedor afastou-se alguns passos colocando as mãos sobre o ouvido. Um outro funcionário da casa abria as duas portas de vidro. Eu apertei o acelerador, controlei o câmbio e manobrei o Jaguar para fora da loja. Entrei na avenida suavemente, apertei o botão e a capota conversível se abriu encolhendo para trás. Eu acelerei o Jaguar e percorri a avenida, dobrei a esquina e entrei numa rua mais movimentada. Os carros passavam ao meu lado, e alguns motoristas comentavam sobre o meu Jaguar para outras pessoas. Alguns transeuntes que estacaram ao sinal vermelho permaneceram em silêncio olhando com espanto para o meu Jaguar. O sinal vermelho trocou para o verde e eu acelerei o Jaguar provocando um ruído grave e ritmado. O Jaguar contornou os carros e eu passei por um ônibus. Quando eu percorria uma das ruas de Hollywood Marilyn Monroe acenou para mim. Eu realizei uma pequena manobra e parei o carro um pouco à frente. Marilyn correu para mim sorrindo e disse: "Lindo!" Eu sorri para Marilyn e estalei os dedos convidando-a para entrar. Marilyn não percebeu o meu sinal, mas já se encontrava dentro do carro ao meu lado e beijou-me a orelha. Eu voltei a acelerar o carro e passei à frente de uma série de carros. Marilyn saltava no banco e pedia que eu fosse para a avenida beira-mar. Eu contornei a praça e dobrei a esquina e Marilyn Monroe emitiu um grito agudo e infantil quando viu o mar à sua frente. O céu estava azul e um vento fraco batia na areia branca. O Jaguar deslizou pela avenida e subiu uma pequena encosta, entrando na avenida que contornava os penhascos. Marilyn continuava emitindo gritos agudos e infantis e de tempos em tempos me beijava a orelha. Marilyn apertou o acelerador sobre o meu pé. Eu senti que Marilyn desejava mais velocidade, e apertei mais o acelerador. O carro deslizava zunindo entre as curvas e a mureta de pedra que servia de divisão entre a avenida e o mar passava veloz. Eu continuei apertando o acelerador e percebi que Marilyn sentia medo; ela se encolheu no canto do banco e seu cabelo louro voava levado pelo vento. Marilyn gritou, e eu apertei o freio e o Jaguar estacou subitamente. Marilyn foi levada para frente e bateu com a cabeça de leve no parabrisa. "Ai... louco!", disse Marilyn e saiu do Jaguar batendo a porta. Eu voltei a acelerar o carro e me afastei deixando Marilyn Monroe ao lado da murada. Eu acenei para ela e dobrei a curva. Eu apertei novamente o acelerador até o fundo e as árvores passavam velozes ao meu lado e eu via a estrada desaparecer sob as rodas do Jaguar. Eu continuei acelerando o Jaguar e o motor zunia transpondo as curvas. O Jaguar veloz saltou com um estrondo para fora da murada e eu vi o mar sob as rodas. O Jaguar continuou deslizando e eu vi longas asas brancas saindo das duas portas, e o rufar das batidas ritmadas e lentas das asas brancas. Eu vi as vagas no seu movimento e as amplas asas do Jaguar permanecerem retas e horizontais e o carro planar alguns instantes e logo em seguida realizar uma curva. Eu voltei na direção da estrada que eu havia passado e vi a alguns metros abaixo Marilyn descendo a avenida junto à murada. Eu acenei para ela e ela parou alguns instantes olhando para o céu, onde eu estava sendo levado pelo meu Jaguar alado. As amplas asas batiam ao meu lado e eu prosseguia olhando a praia lá embaixo, as janelas minúsculas dos edifícios, as ruas e as avenidas.

Eu caminhava ao lado do crítico e ele me perguntou se eu havia visto um filme. Eu falei sobre o filme e o crítico acrescentou: "A grande chantagem!..." "A chantagem!...", disse eu. Eu não sabia se o crítico estava se referindo a um filme ou outro, e se nós estávamos discutindo sobre filmes diferentes. Eu e o crítico dobramos a esquina e os repórteres pararam o crítico e deram sinal para os fotógrafos. Eu me coloquei de lado para não ser fotografado, enquanto o crítico arrumava o paletó e a gravata, e os fotógrafos preparavam os seus flashes. Os flashes estouraram e o crítico comentou algo sobre a avant-première e os repórteres anotaram no caderninho. Eu e o crítico entramos no cinema iluminado onde iria se realizar a avant-première do filme de Marilyn Monroe "Bus Stop". Eu e o crítico tínhamos sido convidados e atravessamos os cordões de isolamento que retinha a multidão de fãs, que gritava ruidosamente. Eu e o crítico entramos na sala de projeção escura, e sentamos ajudados pelo lanterninha, que iluminava as poltronas. O filme "Bus Stop" terminou e as luzes do cinema acenderam acompanhando os aplausos da multidão de produtores, cineastas, atores, repórteres. Eu olhei os olhos pintados da mulher e olhava a perversidade das pupilas e os riscos negros de lápis envolvendo os olhos. A mulher mantinha a boca e o nariz cobertos com um lenço e tinha inclinado o corpo apoiando a cabeça na poltrona da frente. Eu estava sentado na poltrona de trás e olhava curioso para os olhos da mulher. Naquele instante a mulher tirou o lenço negro, sorriu e era Marilyn Monroe. "Hei!...", disse eu saudando Marilyn. Marilyn sorriu agitando os longos cabelos louros e eu me levantei da poltrona e a cumprimentei pelo filme "Bus Stop". Ela respondeu que tinha saído da Columbia Pictures, e comentou que a sua porcentagem da renda do filme era muito pequena. Eu e ela saímos do cinema atravessando os aplausos da multidão e os flashes dos fotógrafos, percorremos os fãs que gritavam presos nos cordões de isolamento, e entramos no conversível de Marilyn. Eu e Marilyn paramos na praça escura e iluminada, e a multidão que tinha saído do cinema naquele instante foi desaparecendo pouco a pouco e entrando em pequenos grupos nas ruas escuras que davam para a praça iluminada. Eu e Marilyn permanecemos hesitantes e tímidos sorrindo um para o outro e sem saber o que fazer, quando eu apontei para uma das ruas vazias e propus que nós déssemos um passeio na parte antiga da cidade. Ela concordou sorrindo, nós abandonamos o conversível e caminhamos com as mãos protegidas do frio nos bolsos do sobretudo. Eu e Marilyn Monroe observávamos em silêncio os arcos das casas antigas iluminadas pela luz fraca dos postes, e atravessamos debaixo de um dos arcos e eu e ela nos sentíamos felizes de estar um ao lado do outro, e não era preciso que eu dissesse para ela o que eu sentia, nem era preciso que ela dissesse para mim que ela estava feliz. Eu e ela percorríamos as ruas escuras e vazias entre as casas antigas com as altas janelas iluminadas, e ela olhava tranquila para mim de instante a instante como se pretendesse descobrir em mim a alegria que ela sentia. No fundo da rua existia um pequeno restaurante de janelas iluminadas e o ruído dos pratos batendo e das conversas chegava até nós. Quando eu e ela atravessávamos a rua na frente do restaurante um meu amigo repórter acenou de dentro para que eu entrasse. Eu hesitei alguns instantes, mas depois entrei com Marilyn Monroe à minha frente chamando a atenção dos que comiam. O restaurante estava cheio e nós dois atravessávamos com dificuldade entre as mesas pedindo licença para um e para outro. O meu amigo repórter elevou a mão me saudando e disse que ele tinha recebido a minha entrevista e que ele iria publicar no final da semana. O meu amigo repórter me convidou para sentar, e eu me sentia mal no restaurante pequeno e superlotado, e pensava que eu não deveria ter atendido ao chamado do meu amigo repórter, e Marilyn Monroe também deveria estar se sentindo mal e nós seríamos obrigados a sentar e comer com o meu amigo e discutir sobre os acontecimentos políticos e falar de cinema, dos próximos filmes de Marilyn Monroe. Eu e Marilyn atravessamos a rua, e uma garoa fina e flutuante caía sobre o asfalto. Eu olhava para Marilyn e percebia que ela se deixava conduzir por mim imersa em si mesma. A rua que eu e ela atravessávamos continuava entre as casas, e a ladeira era muito longa e íngreme. Eu e Marilyn tínhamos atravessado a rua, e esperávamos um táxi numa pequena ilha para os pedestres situada no centro da praça diante das escadarias da universidade. Marilyn Monroe mantinha a cabeça baixa e respondia às minhas perguntas sempre com um sim tênue e inerte. Eu permaneci inquieto alguns instantes na ilha destinada aos pedestres e não sabia se os táxis que nós deveríamos pegar passavam por ali. Eu hesitei alguns instantes e resolvi voltar para o outro lado da rua. Eu segurei Marilyn Monroe pelo braço e nós avançamos para atravessar a rua. Quando eu e ela nos encontrávamos no centro da rua e a garoa fina flutuava em frente das escadarias da universidade, eu vi um ônibus deslizando desgovernado no alto da ladeira. As rodas do pesado ônibus escorregavam no asfalto e o ônibus desceu batendo para um e para o outro lado. O pesado ônibus aumentou a velocidade e deslizou no asfalto molhado da ladeira íngreme que se perdia entre as casas. Eu corri segurando a mão de Marilyn e subi as escadarias da universidade, e senti enquanto corria o deslocamento do ar produzido pelo pesado ônibus, que passou veloz rente a nós, o chiado dos pneus no asfalto molhado e o baque surdo e forte instantes depois. Eu e ela olhamos de cima das escadarias da universidade protegidos por uma mureta de concreto, e vimos o ônibus amassado no fundo da praça com a frente introduzida num enorme caminhão. Ao nosso lado um grupo de oito adolescentes ria do desastre e um deles, o mais velho e mais forte, desceu as escadas rindo e falando com os outros. Este mais velho e forte foi para a rua, retirou um chaveiro do bolso e começou a girá-lo nos dedos. O mais forte e mais velho do grupo de oito adolescentes se colocava no centro da rua como se fosse um guarda de trânsito, e girou a correntinha do chaveiro entre os dedos como que pretendendo dirigir o trânsito, e ao mesmo tempo fazer com que os outros adolescentes rissem da imitação que ele fazia do guarda de trânsito. Eu toquei na cabeça de Marilyn Monroe e levantei o seu corpo facilmente e coloquei Marilyn Monroe sobre os meus ombros. Eu caminhei no escuro segurando o seu corpo pelas pernas e eu senti com os dedos que ela estava nua. Eu carregava Marilyn Monroe e deslizava facilmente no solo, e eu disse para ela que eu não a conhecia e eu a amava muito, e que não importava quem ela fosse e que eu a amava muito, e ela pedia que eu repetisse o que eu dizia, e eu continuava transportando Marilyn Monroe no meu ombro e atravessava o escuro. E eu repeti para ela que meu amor era eterno, e que eu não a conhecia. Ela continuava suplicando numa voz fraca que eu repetisse que eu a amava muito, e eu repetia, caminhando no escuro e transportando o seu corpo nu nos meus ombros, que eu a amava muito. Começou a chover e eu e Marilyn Monroe caminhávamos na chuva. Eu atravessei a praça e Marilyn Monroe falava comigo. A água da chuva escorria pelo meu rosto e eu engolia algumas gotas. Eu estava na praça e via a chuva riscar as árvores. Eu e ela atravessamos a avenida saltando as poças de água, e no último salto eu e Marilyn permanecemos nos equilibrando na calçada para não cairmos na enxurrada que mergulhava no bueiro. A multidão olhava a imensa abóbada do céu coberta de nuvens transparentes. Quatro ou cinco misturados à multidão que se acumulava na praça gritaram apontando para cima. Eu olhei para o ponto que várias pessoas apontavam, procurei através das nuvens transparentes, e eu via somente a imensa abóbada do céu coberta de nuvens e depois de alguns instantes eu vi imagens coloridas de tártaros e cavaleiros medievais aparecendo no céu, e os cavaleiros e os tártaros lutavam furiosamente batendo espadas e espetando lanças. Os tártaros e os cavaleiros medievais lutavam a cavalo, e as imagens coloridas corriam galopando toda a extensão do céu e batalhavam furiosamente umas contra as outras. A batalha se interrompeu e os tártaros e os cavaleiros medievais com as suas armaduras prateadas saltaram dos seus cavalos e dançaram freneticamente rindo e saltando. As imagens coloridas gravadas na abóbada do céu dançavam velozes saltando sobre a ponta dos pés. A multidão entusiástica aplaudia olhando para cima, e todos estavam felizes e riam comentando uns com os outros a festa das imagens coloridas gravadas na abóbada do céu. Cassius Clay, o negro campeão mundial de boxe, gritou de alegria e saltou para o alto. O negro campeão de boxe gritou de alegria e saltou três metros acima das cabeças da multidão. Marilyn Monroe me deu um beijo leve e nós entramos no parque. Diante de nós dois se abria um amplo gramado verde. Marilyn apontou para um banco de jardim situado no outro lado e correu. Eu segurei a sua mão e ela corria se atrapalhando com o vestido muito justo. Marilyn parou rindo e levantou o vestido até as coxas e eu vi as pernas brancas e lisas de Marilyn. Agora ela corria à minha frente livremente e ela havia jogado os seus sapatos e os seus pés não tocavam a grama. Eu via Marilyn deslizando no amplo gramado verde e depois parar ofegante. As faces de Marilyn estavam vermelhas e ela suava na fronte. Marilyn largou a barra do vestido e apontou para o gigantesco estacionamento de automóveis situado diante do parque. Os automóveis brilhantes azuis, vermelhos, verdes formavam grandes filas que se perdiam até as paredes do estádio de beisebol. Eu segurei a mão de Marilyn e eu e ela entramos no grande estacionamento de automóveis. Nós atingimos o centro do estacionamento e ouvimos o brado da multidão que se encontrava no estádio. Eu e ela nos abraçamos e eu apertei junto ao meu o corpo macio de Marilyn. Ela ainda estava ofegante e a sua boca soprava em mim o seu hálito quente. O par de seios encostou no peito e eu a apertei mais fortemente contra mim. Depois nós ouvimos mais um brado da multidão que se encontrava no estádio. Anoitecia e as capotas dos automóveis estavam escuras. A multidão que se encontrava no estádio jorrava através dos portões e se dispersava no imenso pátio formado pelo estacionamento de automóveis. Um grupo de seis passou ao nosso lado comentando o jogo e Marilyn mantinha o rosto escondido no meu ombro para não ser reconhecida. A multidão dispersa entrava nos seus automóveis, acendia os faróis, que brilhavam no estacionamento escuro, e movimentava os seus carros entrando na avenida. Alguns automóveis buzinavam ruidosamente e acendiam e apagavam os faróis. Marilyn se mantinha encolhida junto a mim e eu percebi que ela tremia um pouco. Os seus braços envolviam o meu pescoço e eu sentia no corpo o calor macio do corpo de Marilyn. Marilyn escondia o rosto no meu ombro e mordia leve meu pescoço e lambia o meu queixo. Eu segurava os cabelos prateados de Marilyn e apertava mais o seu corpo junto ao meu. Eu olhei a mão de Marilyn e eu segurei a mão de Marilyn Monroe. Depois que eu segurei a mão de Marilyn, Marilyn apertou a minha mão e eu apertei a mão de Marilyn; e tudo ficou resolvido e nada impedia a nossa união. O rosto de Marilyn Monroe estava aberto num meio sorriso e o meu rosto estava sorridente. Depois eu estava agarrado a ela e dançava; e o meu corpo estava pregado ao de Marilyn e nós não movíamos os pés, somente os dois corpos oscilavam e se contraíam mutuamente. Nós permanecemos um longo tempo colados um ao outro repetindo esse movimento sinuoso. Eu e Marilyn Monroe nos desprendemos um do outro e entramos no parque dos leões. O parque dos leões era amplo e sob o gramado verde mergulhava uma grande rampa semelhante às passagens de automóveis que se introduzem sob as avenidas. Os vários guias de uniforme azul explicavam para o público o modo com que todos eles deveriam se comportar quando os leões aparecessem. O guia discursava mecanicamente apontando para a boca do amplo túnel que continuava através da rampa de concreto e diziam que os leões iriam sair lentamente do túnel e subiriam a rampa de concreto, e nós, os visitantes do zoológico, deveríamos caminhar tranquilos entre os leões e não demonstrar nenhum temor e não esboçar nenhum gesto brusco. Eu, Marilyn Monroe e os visitantes sorrimos para os guias alegres pela facilidade do que nós deveríamos fazer e pela oportunidade de ver os leões de perto. Todos nós iniciamos a descida da rampa lentamente e os leões já apareciam na penumbra do fundo do túnel. Os leões entraram no sol que batia na rampa de concreto e continuaram a subir; logo em seguida os leões se introduziam entre os visitantes e o rapaz que se encontrava à minha frente acariciou a cabeça de um dos leões que passava ao seu lado. Eu e ela atravessamos o túnel misturados aos visitantes, que comentavam a passividade dos leões, e nós pretendíamos encontrar uma outra saída para o parque dos leões. Eu e ela subimos uma escada e nos afastamos dos visitantes. Eu e Marilyn ocupávamos uma parte do zoológico ainda em construção. Nós pisamos numa das lajes de concreto e a laje deslizou um pouco para o lado. Eu pisei em outra laje e percebi que todas elas estavam soltas e o concreto não havia se solidificado. Eu e Marilyn descemos uma pequena escada e, quando pisamos o último degrau, um filhote de leão que estava estendido na grama me mordeu o calcanhar. O filhote de leão permanecia com os dentes presos ao meu calcanhar e ele não prendia forte com os dentes. Eu pensei que eu não deveria retirar o filhote de leão, porque ele poderia chamar os leões com um pequeno urro. Mas o filhote de leão parecia pretender brincar comigo, e continuava com os dentes presos levemente ao calcanhar do meu sapato enquanto rolava o corpo na grama. Eu segurei a pequena cabeça do filhote de leão e o afastei colocando-o na grama. Eu e Marilyn Monroe nos afastamos rindo e pisando na grama do parque dos leões e vimos no mar os pequenos barcos puxados por golfinhos. Eu entrei num dos barquinhos e Marilyn Monroe entrou no outro. O golfinho saltou na água puxando o barquinho, que deslizava no mar ao lado das torres de concreto. Outro golfinho puxou veloz o barquinho de Marilyn Monroe e eu e ela gritávamos de alegria no mar. As torres de concreto estavam coloridas pela luz brilhante do sol, e o céu azul cobria o canal. O meu golfinho saltitou veloz na água e ultrapassou o barquinho de Marilyn Monroe, e eu excitei o meu golfinho segurando as rédeas presas à sua cabeça redonda. O enorme golfinho se introduziu veloz nas pesadas ondas e seguiu na direção do canal. Eu passei debaixo da ponte ao lado das torres coloridas e olhei Marilyn Monroe, que eu tinha deixado muito atrás. O golfinho diminuiu a velocidade e eu saltei para a margem e subi na ponte. Marilyn estava sendo filmada e fotografada por um grande número de repórteres, que corriam na margem do canal. Marilyn mantinha a cabeça elevada, o corpo ereto e segurava com a mão esquerda as rédeas douradas presas ao golfinho que puxava o seu barquinho, semelhante a uma biga grega. Quando eu entrei no vestíbulo do luxuoso hotel o enorme negro de terno empurrou a porta de vidro do hotel e entrou no saguão dando enormes passos no macio tapete vermelho. Eu me levantei bruscamente e gritei: "Hei!..." e o enorme negro, Cassius Clay, o campeão mundial de boxe, mostrou os dentes num enorme sorriso, abrindo os braços. Eu abracei o alto negro enquanto ele falava jovialmente comigo. Eu hesitei alguns instantes enquanto o enorme negro campeão de terno e gravata batia amigavelmente no meu ombro e eu disse: "Quando é o treino?" "Ho!..." respondeu o imenso negro de terno. "Amanhã à noite", continuou o imenso negro enquanto nós subíamos as escadas para o restaurante, e Cassius Clay lançava as suas pernas para cima, subindo de cinco em cinco degraus. Eu e o campeão mundial de boxe chegamos ao restaurante e os garçons serviam copos de champanha para a recepção do campeão mundial de boxe. O enorme negro retirou um sanduíche da bandeja que o garçom transportava, e eu retirei outro sanduíche. Cassius Clay girou o corpo para os lados e perguntou para os que estavam sentados: "Onde estão os repórteres?..." Os presentes responderam encolhendo os ombros que não sabiam onde estavam os repórteres. O enorme negro chamou um dos garçons e retirou outro sanduíche da bandeja, e introduziu o sanduíche inteiro na boca mastigando-o e olhou para mim tranquilo como que dizendo que nós teríamos de esperar pelos repórteres. Naquele instante começou a chover na cidade e o vento jogava pesadas gotas de chuva através das janelas do luxuoso restaurante. Os que se encontravam perto das janelas se afastaram, encostando nas paredes, e as rajadas de vento despejavam a água da chuva no amplo salão. Os garçons permaneceram atemorizados algum tempo com as bandejas de champanha e sanduíches na mão olhando as pesadas gotas de chuva que entravam através das janelas do restaurante levadas pelas fortes rajadas de vento. O negro campeão mundial de boxe, segurando o copo de champanha na mão esquerda, caminhou praguejando em passos largos até as janelas e fechou cada uma das janelas com um empurrão dos seus dedos grossos e longos. Depois as pesadas gotas de chuva repicavam nos vidros e todos os presentes abriram um meio sorriso e recuperaram a segurança e reiniciaram tranquilamente as conversas bebendo uísque e comendo sanduíches.

A luz dos refletores como anteriormente se acendeu e apareceu Marilyn Monroe imóvel e Cassius Clay, campeão de boxe, de turbante, peito nu, e largas calças turcas de seda. O negro Cassius Clay de dois metros de altura segurou a ponta dos dedos de Marilyn Monroe e a música turca apareceu e Marilyn Monroe movimentou languidamente os braços e o ventre. Cassius Clay, o negro campeão mundial de boxe, segurava a ponta dos dedos de Marilyn e servia de fundo para os movimentos sinuosos de Marilyn Monroe. Eu me encontrava sentado numa das poltronas do canto do estúdio e olhava para o grande número de produtores e acionistas imersos na penumbra que lotavam o estúdio. Eu voltei a olhar para a cena iluminada onde dançava Marilyn Monroe a dança turca acompanhada por Cassius Clay de turbante e calças turcas. Marilyn Monroe saltou para cima e pulava pesadamente para o alto. O seu corpo era muito gordo e a gordura formava grandes dobras e volumes na barriga, nos seios e nas coxas. Ela continuou pulando para cima, enquanto eu observava o esforço que ela fazia para sair do solo. As bochechas do rosto redondo e suado de Marilyn Monroe balançavam ofegantes a cada salto para cima. Mas, apesar do peso e do volume do corpo esférico de Marilyn, ela saltava muito alto e permanecia flutuando algum tempo no ar e depois descia lentamente e tocava suave no solo. Eu continuava observando as bochechas redondas e suadas e o tremor do seu rosto quando ela se esforçava para subir para o alto. Nesse instante bailarinas e bailarinos invadiram o estúdio e dançavam correndo entre as poltronas. Todas elas vestiam roupas de odalisca enfeitadas de lantejoulas e gazes transparentes. Cid Charisse, a bailarina de quinze anos, passou correndo ao meu lado, parou subitamente e disse: "Ah!... é ele...", chamando a atenção das outras bailarinas e interrompendo a fileira de bailarinas que esbarravam umas contra as outras. Eu fiquei irritado com a infantilidade de Cid Charisse interrompendo a dança e chamando a atenção das outras bailarinas para a minha pessoa. Mas assim mesmo eu permaneci sentado na poltrona pensando naquela solução infeliz do diretor Cecil B. de Mille de introduzir as bailarinas entre os acionistas da Columbia Pictures. Depois Marilyn Monroe entrou saltitando acompanhada de Cassius Clay e um acionista careca e baixinho chamou a atenção de Marilyn Monroe dizendo que o *ballet* era ridículo. Eu percebi que Marilyn Monroe dançava insegura e despejou o corpo numa das poltronas do estúdio e chorou soluçando encolhida com a cabeça apoiada nos joelhos. O acionista da Columbia Pictures baixinho e careca falou alto para todos os outros produtores e acionistas que o ballet era ridículo e vulgar. Eu levantei da minha poltrona furioso, atravessei a fileira de produtores sentados, e dei com a mão fechada uma batida na careca do acionista. Os outros acionistas da Columbia Pictures imediatamente soltaram um "Ah!..." de reprovação e alguns se irritaram comigo falando alto. Marilyn Monroe soluçava encolhida na poltrona. Eu saí da fileira do acionista careca e baixinho e fui para outra fileira, seguido por reprovações e vaias dos produtores que se colocavam do lado do careca. Eu entrei nas primeiras fileiras e quando ia sentar numa das poltronas vazias verifiquei que havia um chapéu coco preto sobre ela. Retirei o chapéu coco e perguntei gentilmente ao gordo produtor ao lado se pertencia a ele o chapéu. O gordo fez uma afirmação reverente com a cabeça e eu entreguei o chapéu coco a ele. Eu me levantei novamente e fui para o canto do palco onde se encontrava Harpo Marx, irmão de Groucho Marx e surdo-mudo. Harpo Marx ria com um fotógrafo seu amigo. Eu pensei que eles deveriam estar rindo do ballet, e realmente eles estavam rindo do ballet. Harpo Marx buzinava para o seu amigo e depois ria entrecortando os risos com o sons enrolados na língua. Eu comecei a rir com eles e o fotógrafo amigo de Harpo Marx era divertido e imitava os bailarinos homossexuais. Harpo Marx retirou a calça rapidamente e vestiu uma das roupas dos bailarinos. Harpo Marx buzinou, virou de costas e a roupa dos bailarinos era aberta nas nádegas e eu via as nádegas peludas de Harpo aparecendo. Harpo Marx se afastou rebolando as nádegas e buzinando e eu e o fotógrafo ríamos apontando as nádegas peludas de Harpo Marx. A filmagem se reiniciava e as dançarinas estavam se maquilando. Eu me aproximei de Marilyn Monroe, que olhava para o cinegrafista, e depois fui até a mesa de doces e recolhi numa cesta vários tipos de doce. Eu escolhi os doces e comi alguns, e levei na cesta os doces para as dançarinas que se maquilavam. Nesse instante o cinegrafista desligou as luzes e deu sinal para um rapaz que pretendia passar na frente das câmaras. O rapaz se introduziu no cenário mourisco e foi para o fundo da fonte, e eu entreguei a cesta de doces para Marilyn Monroe e as outras dançarinas. Marilyn Monroe fez um gesto rápido agradecendo os doces e as luzes se acenderam e a filmagem recomeçou. O diretor gritou do fundo e a filmagem se interrompeu, os refletores se apagaram. Todos os técnicos e atores olhavam para a porta do estúdio irritados. O general Charles de Gaulle visitava o estúdio falando com um outro francês, cercado de deputados, fotógrafos e repórteres. O general falava em francês para a multidão de extras, atores e técnicos e soltava risos largos e graves. De Gaulle abriu caminho entre a multidão de extras e sentou no seu triciclo movido por uma alavanca. Era um carrinho de criança movido por uma corrente ligada à alavanca. O general Charles de Gaulle movimentou a alavanca com ambas as mãos e o carrinho andou vagarosamente alguns metros. O presidente acenou para a multidão, e os fotógrafos imediatamente tiraram algumas fotografias. Charles de Gaulle entrou numa porta envidraçada e desapareceu do estúdio. O carrinho se movimentava com dificuldade no amplo estúdio e produzia um ruído fino nas rodas. Charles de Gaulle suava na fronte e se movimentava usando os dois braços na alavanca. O carrinho deslizou vagarosamente para um dos lados do estúdio: existia uma ligeira inclinação do solo, na direção de um dos cantos do estúdio. O estúdio era amplo e ornamentado por lustres de cristal que pendiam do alto teto, e as bordas das paredes levavam frisos dourados. Charles de Gaulle tentou movimentar o carrinho para cima, mas a inclinação do solo de mármore fazia com que o carrinho deslizasse na direção do canto da parede. O general movimentou nervosamente a alavanca, e o carrinho deslizou e deu de encontro ao canto da parede. O general caiu lentamente para o lado e pretendia levantar-se e chamar um dos deputados. De Gaulle levantou-se e olhou para o solo de mármore do salão. O estúdio era amplo e do alto teto pendiam os lustres de cristal. De Gaulle inquieto se recompôs, retirou do bolso da farda um lenço e limpou o suor da testa, e em seguida arrumou as medalhas no peito. O presidente pensou se deveria ou não gritar por um deputado, ou se deveria telefonar para a portaria do estúdio. Eu saí do estúdio F acompanhado de Burt Lancaster. Eu e ele aproveitamos um pequeno intervalo entre uma cena e outra e saímos para tomar um uísque. Burt representava um soldado romano e segurava uma lança na mão direita. Sobre a sua cabeça, um capacete de papelão dourado e, cobrindo o seu largo peito, uma couraça de alumínio. Eu percorri ao lado de Burt as fileiras de refletores e nos dirigimos para a porta. Quando nós atravessamos a porta, eu vi subindo pelo corredor o diretor da cena. Burt Lancaster voltou correndo para frente das câmaras, e o assistente do diretor o segurou fortemente pelo braço e disse irritado: "Suba na plataforma. Ali!" e apontou para uma das plataformas que formavam o fórum romano. Burt subiu na plataforma cercada de colunas e o assistente, de braços cruzados sobre o peito, olhava Burt irritado. O assistente colocou as duas mãos abertas na boca, formando uma corneta, e gritou: "Agora desce a escada!" Burt Lancaster desceu os degraus da escada e o assistente gritou para ele: "Salta para a outra plataforma!" Burt saltou e o assistente do diretor se aproximou perguntando: "Já sabe o que você deve fazer?" Burt respondeu: "Sei". O assistente corrigiu a forma de Burt Lancaster segurar a lança com um gesto brusco e gritou batendo palmas para chamar a atenção dos extras que formavam o povo romano: "Vamos repetir a cena!... repetir a cena!..." Eu e Burt saímos do estúdio e entramos na baía cercada por morros de pedra, e eu comentei com Burt que os morros estavam úmidos e a vegetação mais verde; eu apontei para Burt a água escorrendo nas paredes de pedra. Burt Lancaster olhou indiferente para os morros e disse que nós já estávamos vencidos. Burt Lancaster caminhava à minha frente ao lado de Marilyn Monroe e depois Frank Sinatra caminhava ao lado de Burt. Instantes depois Burt Lancaster ficou para trás sentado diante de um copo de cerveja enquanto eu e Sinatra nos afastávamos ao lado de Marilyn, que estava anteriormente ao lado de Burt. Burt Lancaster estava imóvel e com a cabeça inclinada na direção do copo de cerveja e os dois braços apoiados sobre a mesa. Eu mergulhei na piscina de água transparente, nadei veloz para o outro lado e saltei para a borda. O sol brilhava e nós tomávamos uísque no gramado verde. O garçom de smoking aproximou-se transportando os copos de uísque sobre a bandeja, eu apanhei um dos copos e o garçom disse para mim confidencialmente que Burt Lancaster estava fazendo sexo com as atrizes na tenda aberta no gramado. O garçom que nos servia falou gentilmente, e eu prometi que iria verificar o que Burt estava fazendo escondido na tenda. Eu tomei um gole de uísque e olhei no interior da tenda. Burt Lancaster estava sentado alegremente entre as atrizes de biquíni e mexia num gravador, produzindo sons e rindo com as atrizes, que espremiam Burt entre elas Eu retirei a cabeça da tenda e fui até o garçom de smoking que servia os atores e atrizes de Hollywood. Eu disse confidencialmente para o garçom que Burt não estava fazendo sexo com as atrizes, e o ator somente estava fazendo uma música eletrônica com o gravador. O garçom agradeceu a resposta e continuou servindo os outros convidados. Eu me aproximei de Marilyn, que estava na piscina, e inclinei o corpo dando a mão para que ela subisse. Marilyn subiu sorrindo e o seu biquíni tinha escorregado entre as pernas e ela mostrava as nádegas reluzentes e o triângulo de pelos molhados. Eu falei para ela que nós iríamos comprar aquela casa, e que a piscina era ótima e o jardim muito amplo. Marilyn concordou comigo e começou a subir orgulhosamente a escada de concreto que levava aos trampolins. No momento em que ela subia e eu a acompanhava conversando a respeito da casa, todos os atores, atrizes, garçons e convidados olharam para o seu corpo lindo e firme que brilhava à luz do sol. O biquíni de Marilyn Monroe estava caído entre as pernas e as suas nádegas firmes, o triângulo de pelos molhados, e o seu corpo jovem subia as escadas de concreto e refletia a luz do sol. E o seu profundo orgulho e desprezo por aqueles que a admiravam de baixo se transmitia para mim, e eu e ela continuávamos subindo as escadas conversando a respeito da casa que nós iríamos comprar, e eu me sentia seguro e Marilyn Monroe era a mulher que eu desejava profundamente para mim, e que todos desejavam e ela me pertencia. Eu e ela continuamos subindo as escadas de concreto e Charlton Heston, de longas barbas brancas de Moisés, recebeu das nuvens, acima de nós dois, a pedra fraturada onde estava gravada a planta da cidade. Charlton Heston, de pé sobre o cimo da montanha, mantinha os pés protegidos por sandálias de couro sobre as rochas. Charlton Heston sacudiu a enorme cabeleira ondulada e a comprida barba branca de patriarca judeu e lançou furiosamente para o abismo as pedras fraturadas onde estava gravada a planta da cidade. Do fundo do abismo elevaram-se labaredas de fogo vermelho e dourado e um grande estrondo do choque das pedras fraturadas.

Eu e ela estávamos ali encostados na parede. Ela estava em silêncio e eu estava em silêncio. Eu sentia o corpo dela junto ao meu, os dois seios, o ventre, as pernas, e os seus braços me envolviam. Eu pensei que ela deveria sentir o calor que eu estava sentindo. Nós dois estávamos imóveis encostados à parede, eu não me recordo quanto tempo, mas nós estávamos abraçados e encostados ali havia muito tempo. Eu não me recordava se eram horas, dias, meses. Nós dois esquecemos naquele momento que nós dois pretendíamos a paz dentro da violência do mundo, e sem perceber a chegada da paz nós dois estávamos alojados dentro dela. Nós não saímos da parede e a paz nos encontrou subitamente, não enviou nenhum sinal, e nós não procuramos a paz. Ela tirou o vestido e eu disse que ela deveria ter... Eu ela nus. Quando terminar o fim do mundo nós iremos para qualquer lugar. Nós estávamos bem um ao lado do outro. Quando Marilyn Monroe levantou-se eu vi o seu corpo nu de baixo para cima; primeiro as pernas, depois a barriga, depois os seios, depois a cabeça e os cabelos. Os braços estavam caídos ao longo do corpo. Nesse instante Marilyn Monroe permaneceu imóvel, mas colocou o pé sobre a minha barriga e apertou o pé na minha barriga. Depois ela se ajoelhou ao meu lado e sentou sobre os calcanhares com as coxas unidas. Eu segurei o meu membro rijo entre os dedos diante de Marilyn Monroe e ela abriu as suas pernas mostrando os pelos de seu sexo. Eu me ajoelhei segurando o meu membro latejante e aproximei a cabeça vermelha do meu membro do sexo de Marilyn, e ela encolheu mais as pernas junto do corpo e abriu com os dedos as peles que formavam os lábios do seu sexo. Eu rasguei com a unha a tampa de papel que era a virgindade de Marilyn Monroe, a tampa de papel estava pregada nos bordos do sexo de Marilyn onde não existiam pelos. Eu rasguei com a unha a tampa de papel que era a virgindade de Marilyn Monroe, e depois introduzi o meu membro na vagina apertada e úmida. Marilyn Monroe soltou um gemido e eu caí em cima dela enterrando o meu membro na vagina apertada de Marilyn. Depois eu senti o gozo saindo pelo canal estreito do meu membro rijo preso entre as paredes da vagina, e caía sobre ela extenuado e arfando. Nós dois permanecemos girando em todos os sentidos e confundindo as cabeças na penumbra do quarto, e eu entrando de cabeça entre suas coxas, e esfregando o membro rijo nos seios dela, e no seu rosto. Depois nós percorremos o canto do quarto girando em todos os sentidos, eu em cima dela, ela em cima de mim; eu sentei no seu ventre e terminei nos seus seios molhando os dois e apertando-os contra o meu membro. Depois eu e Marilyn Monroe descansamos e ela se encostou na parede e abriu as pernas e eu deitei com a nuca junto ao seu sexo. Permanecemos nessa posição longo tempo, e eu interrompi girando o corpo e beijando os pelos dela. Eu esfregava a boca e a língua no seu sexo úmido e depois nós passamos a girar novamente e confundir e apertar nossos corpos ao contrário. Eu estava com a cabeça entre as pernas dela e ela estava introduzindo o meu membro na sua boca. Giramos novamente e eu beijei a boca de Marilyn e ela gemia que ela queria que eu entrasse nela.

Continuamos girando e eu voltei a molhar os seios dela apertando-os contra o meu membro. Eu limpei com o meu lenço e deveriam ser duas da manhã. Marilyn Monroe levantou-se nua e disse que nós poderíamos procurar um outro quarto. Eu levantei-me em seguida e nós dois saímos nus e entramos no escuro do corredor. Instantes depois nós entramos em outro quarto e eu disse que aquele quarto estava bom. Ela deitou nua na cama que estava encostada à parede e eu disse que iria buscar os dois travesseiros. Eu atravessei o corredor escuro e voltei para o quarto, e apanhei os dois travesseiros que estavam sobre a cama. Voltei pelo corredor escuro e entrei no quarto. Marilyn Monroe não estava deitada na cama encostada à parede. Ela não estava no quarto. Eu saí do quarto e entrei no banheiro. Marilyn Monroe flutuava mergulhada na banheira e sorriu para mim quando eu entrei. Marilyn Monroe flutuava nua na água da banheira. A banheira era muito grande e ela flutuava como se estivesse nadando, e eu via a sua cabeça e seus cabelos fora da água e as duas nádegas redondas. Ela batia com os pés na água e movimentava lentamente os braços. Marilyn Monroe fechou os olhos e sorriu novamente para mim movimentando a cabeça para os lados. Marilyn Monroe nua no centro da penumbra do quarto olhava para mim. Eu me aproximei dela e joguei a toalha no chão. Eu tocava o corpo dela de leve com meu corpo e ela tocava de leve o meu corpo com o corpo dela. Nós permanecemos nessa oscilação e toques leves durante longo tempo. Marilyn Monroe tocava as pontas dos seios no meu peito e eu segurava de leve a sua barriga e acariciava os pelos dela com os dedos. Eu me afastei para olhar o seu corpo e Marilyn deixou cair os braços ao longo do corpo e inclinou a cabeça para trás. Nós permanecemos nesse toque mútuo longo tempo enquanto eu ouvia a sua respiração leve e ritmada. Eu a empurrei contra a parede e passei a apertar e esfregar os seios de Marilyn com ambas as mãos. Marilyn Monroe gemia baixo e eu me ajustei entre as suas coxas e passei a me movimentar lentamente esfregando a cabeça do meu membro rijo entre os seus pelos. Eu o introduzi um pouco e ela suspendeu o corpo girando e cabeça para o lado. Logo em seguida nós dois fomos escorregando pela parede e terminamos deitados no chão sobre o cobertor que estava estendido. Eu e ela permanecemos em silêncio nus e deitados na cama um ao lado do outro. Depois eu comecei a beijá-la e nós continuamos a nos acariciar mutuamente. Eu subi sobre ela e depois que eu estava dentro dela eu perguntei se ela me amava. Ela respondeu que estava tentando, mas às vezes era difícil e ela sentia que era difícil. Quando ela falava essa frase eu pensei que ela iria chorar novamente, mas ela não chorou. Depois eu e ela estávamos cansados e ela olhava para mim tranquila e infantil. Marilyn Monroe levantou um pouco o corpo, apoiou o braço na cama e permaneceu olhando o meu corpo. Ela me acariciou a barriga, perguntei se ela pretendia tomar outro banho, e me levantei indo para o banheiro. Eu tomei banho e depois ela tomou banho. Marilyn me abraçou fortemente com as pernas e com os braços e momentos depois nós dois terminávamos com violentos espasmos do corpo. Eu bati com a perna no guarda-roupa e pensei que eles deveriam ter ouvido da sala. Eu saí de cima dela e perguntei se os produtores já haviam saído, que a sala estava muito silenciosa. Ela levantou-se e disse que a luz da sala estava apagada. Eu passei a mão no seu corpo e sentia a pequena umidade do suor que cobria o corpo dela, e não sabia se o suor era dela ou meu. Eu continuei acariciando de leve o seu corpo e ela puxou a minha mão junto à sua barriga. Eu acariciava a sua barriga enquanto com a outra mão eu beliscava de leve a ponta do seio de Marilyn. Ela empurrou a minha mão e disse que eu não beliscasse a ponta do seu seio que ela ficava nervosa. Marilyn disse que não gostava de ficar ali e que ela gostaria de gritar um pouco, e de uma cama. Eu subi novamente em cima dela e introduzi o meu membro na sua vagina. Ela se movimentava de olhos fechados e gemia baixo. Eu puxei os cabelos de Marilyn para fixar o seu corpo junto ao meu e senti molhar as suas coxas e prendi-me ao seu corpo com um espasmo. Eu me mantive gemendo preso a ela e parecia que ia escorregar e cair de joelhos. As minhas pernas estavam fracas e as duas pernas tremiam. Marilyn Monroe se agarrou a mim como que me impedindo de cair e soltou um gemido respondendo aos meus gemidos. Eu estava molhado de suor e fatigado e me mantinha de pé junto do corpo dela. Eu já estava completamente relaxado e minha cabeça pendia no ombro dela. Depois de algum tempo que eu e ela permanecemos imóveis nessa posição eu perguntei a ela onde havia uma toalha, que eu pretendia limpá-la. Marilyn apontou com o braço para cima da mala e eu apanhei a toalha, ajoelhei-me junto às suas pernas e passei a limpar suas coxas. Eu levantei-me depois de algum tempo e Marilyn Monroe disse que estava com medo e que era perigoso ela ficar grávida. Eu beijei de leve a sua boca e ela disse que iria tomar banho. Ela saiu do quarto, entrou no banheiro e acendeu a luz. Eu acendi a luz do quarto e vi na parede a marca do corpo dela deixada pelo suor. Eu olhei para o chão e vi algumas gotas de esperma e uma mancha na mala. Limpei o chão com a toalha e esfreguei a toalha na mala. A mala estava entreaberta e eu pensei que eu poderia ter molhado as roupas. Retirei as roupas, mas não estavam molhadas; somente a calcinha do biquíni que ela havia deixado cair no chão estava respingada de esperma. Eu limpei com a toalha o biquíni e verifiquei se o sutiã estava molhado, e finalmente a parede. A parede guardava uma marca úmida de suor das costas e das nádegas dela. Eu saí do quarto, apaguei a luz e entrei no banheiro iluminado. Lavei o rosto e joguei a toalha na pia. Eu apontei para o final da praia onde estava situado o rochedo e eu e ela continuamos caminhando. O céu azul servia de fundo para o rochedo que penetrava no mar. Eu e ela subimos no rochedo e descemos a longa pedra que se introduzia inclinada na água do mar. A espuma branca explodiu para o alto batendo no rochedo. Eu mostrei para ela um grupo de pedras escuras e disse que lembrava o excremento de um animal. Eram pedras escuras e verdes que se amontoavam umas sobre as outras. A água verde do mar deslizava sobre as pedras escuras, penetrava nos cantos das pedras e escorria retornando para o mar. Marilyn Monroe pediu o maço de cigarros e eu o retirei do calção enquanto ela se estendia no dorso da pedra. Ela estava com um biquíni minúsculo e ela expunha a sua pele branca ao sol. Eu via ao longe as grandes massas de água avançando e batendo na pedra. Eu deitei ao lado de Marilyn Monroe e perguntei se ela queria que eu passasse o óleo de bronzear. Ela respondeu com um movimento de cabeça e voltou a recolocar o cigarro na boca. Eu destampei o vidro e despejei um pouco de óleo de bronzear na minha mão. Eu esfregava o óleo na barriga de Marilyn Monroe, nos ombros, no rosto; e depois eu disse para ela virar de costas. Ela virou lentamente de costas e apoiou o rosto nos braços. Eu passei óleo de bronzear nas costas de Marilyn, e depois deitei ao seu lado. A minha cabeça estava inclinada e eu via o rochedo como uma enorme massa de carne imóvel se introduzindo na água do mar. A espuma branca explodia para o alto e salpicava de pequenas gotas o dorso imenso de pedra. A água corria entre as pedras e se distribuía entre os vãos, e escorria fervendo para o mar. A imensa massa líquida verde continuava enviando lentamente a série de pesadas ondas que se aproximavam do rochedo. Eu olhava para as pedras, que pareciam ter uma consistência pastosa e pareciam ter sido jogadas do alto. Depois o rosto de Marilyn Monroe estava muito próximo do meu e a pele branca irradiava a luminosidade do sol. Eu vi muito próximo dos meus olhos o nariz, a boca, os dentes, os olhos, os pelos da sobrancelha e os poros. O rosto era recortado pela luz azul e brilhante do céu. Ela movimentou a boca lentamente e eu vi os dentes aparecendo, a língua e depois os lábios se fecharam. Eu sentia a mesma desproporção da natureza, e o rosto de Marilyn Monroe iluminado pelo azul do céu, e eu via as dimensões gigantescas da boca, do nariz e dos olhos fechados.

As vitrinas e os bares estavam iluminados e a multidão transitava em todos os sentidos cercando os carros que se amontoavam ao lado dos outros. Estava frio e eu segurava Marilyn pelo ombro. Marilyn estava protegida por um casaco de lã e caminhava absorvida em si mesma olhando para o chão. Ela reprovava ternamente a atitude que eu tinha tomado em relação a ela; Marilyn Monroe repetiu que eu não era culpado, mas que o erro era dela de não ter sido como eu pretendia. Eu continuava segurando fortemente Marilyn pelo ombro como se pretendesse protegê-la e pretendesse me desculpar da minha atitude em relação a ela. Mas Marilyn caminhava absorvida em si mesma e falava ternamente que eu não tinha culpa e que o erro era dela. Eu e Marilyn passamos diante do edifício e entramos no vestíbulo dos elevadores. A grande placa de metal dourado marcava os números dos andares em vermelho: 1, 2, 3, 4... E a luz vermelha seguia os números um em seguida aos outros brilhando em cada um deles e depois brilhando no seguinte. Eu e Marilyn Monroe esperamos algum tempo o elevador, mas o elevador se mantinha nos últimos andares do edifício. Eu e Marilyn abandonamos o vestíbulo de elevadores e voltamos para a rua, onde passavam os automóveis. Os carros formavam um só bloco uns à frente dos outros e buzinavam todos ao mesmo tempo. Eu e ela olhamos para o final da rua, onde apareciam os gigantescos anúncios luminosos pregados às superfícies escuras dos edifícios, e tentamos ver por que havia aquele engarrafamento de trânsito. O som das buzinas se reunia e provocava um grande tumulto entre os prédios. As buzinas silenciaram subitamente e os carros passaram a se movimentar para frente, seguindo uns atrás dos outros. Eu e Marilyn, que estávamos parados olhando para o final da rua, caminhamos para a esquerda. Eu e ela iríamos caminhar alguns instantes enquanto o elevador não descia para o andar térreo. Eu e Marilyn prosseguimos caminhando entre a multidão que percorria os bares e as vitrinas, e eu vi atravessando a rua, entre os carros, Frank Sinatra ao lado de dois amigos. Eu e Marilyn passávamos diante do bar. Eu girei o corpo e disse para Marilyn que nós poderíamos voltar e que o elevador já deveria ter descido. Marilyn continuava absorvida em si mesma, e não percebeu que eu pretendia levá-la para longe. Eu e ela fomos encontrar Clark Gable, que nos esperava sob o Arco do Triunfo. Eu cumprimentei Clark Gable e nós saímos passeando os três, eu e Clark Gable abraçados a Marilyn. Marilyn Monroe caminhava silenciosa e infantil entre nós dois, e naquele instante eu senti uma grande ternura por ela e beijei sua boca. A ternura que eu sentia por Marilyn Monroe se transmitiu para Clark Gable, que sorriu grave e beijou Marilyn na face. Eu e Clark Gable nos sentíamos bem ao lado de Marilyn. Marilyn Monroe encontrou uma amiga e parou para conversar em frente da vitrina. Eu me introduzi na conversa falando com a amiga de Marilyn, enquanto procurava esconder com o corpo o índio brasileiro enfeitado de penas que estava nu exposto na vitrina. O enorme e mole pênis do índio caía até o joelho e eu não queria que Marilyn Monroe visse o tamanho do sexo do índio brasileiro. Enquanto eu conversava com a sua amiga,

Marilyn se afastou um passo para trás e permaneceu olhando com o canto do olho o comprido pênis caído do índio brasileiro exposto na vitrina. Eu sofria internamente, mas procurava representar a mesma conversa amigável. Depois nós saímos caminhando no parque e eu dificilmente conseguia manter a aparente tranquilidade. Naquele instante eu gritei de ódio e dei um forte tapa na barriga de Marilyn e abandonei as duas perplexas e Marilyn chorando. Eu tinha me irritado muito tempo depois de Marilyn ter olhado para o índio exposto na vitrina, e ela não deveria saber por que levou o tapa na barriga. Eu caminhava em pânico na rua e entrei no restaurante e sentei. Eu procurava pensar no que eu deveria fazer, e que seria difícil viver só, e que eu estava ligado a Marilyn, mas deveria me libertar. Eu pedi um sanduíche e ouvi a porta do restaurante abrir às minhas costas, e depois os baques agudos do salto de Marilyn Monroe no chão do restaurante. Eu permaneci de costas e ela passou por mim e entrou no toalete. Eu vi o rosto de Marilyn Monroe contraído de dor e depois ela saiu novamente, parou atrás da minha cadeira e me acariciou a cabeça. Ela dizia ternamente que eu voltasse, e eu me sentia constrangido diante dos outros que jantavam no restaurante e da insistência dela para que eu voltasse me acariciando a cabeça. Ela saiu do restaurante e eu me levantei seguindo-a de longe. O carro estava parado no parque com as amigas de Marilyn sentadas silenciosas no interior. Quando eu me aproximei eu percebi que as amigas de Marilyn não conversavam entre si para que eu não me sentisse constrangido e me afastasse novamente sem nenhum motivo. Marilyn Monroe parou a alguns metros do carro e apontou para a bandeja que estava sobre o capô do Chevrolet. Ela dizia sorrindo que eu comesse alguma coisa. Eu me aproximei da bandeja de ovos fritos, e arranquei um pedaço de pão doce e o mergulhei na gema amarela, comendo o pão molhado de gema de ovo. Depois que eu terminei de comer o ovo frito, Marilyn Monroe acenou de longe da frente do edifício do City Bank. Eu atravessei a rua e a porta do prédio se abriu. A porta do prédio se abriu e eu e ela descemos a escada de mármore que penetrava no subsolo do prédio. Eu e ela paramos diante dos guichês onde os pagadores e cobradores dedilhavam as máquinas de somar, e ela apontou um deles e disse que iria trocar os dólares por cruzeiros. Eu permaneci um pouco de lado e vi Marilyn se aproximar do guichê onde estava escrito "Exchange" e retirar da pequena maleta cinco pequenos pacotes de dólares. Ela entregou os pacotes para o funcionário situado atrás do vidro, e o funcionário passou a contar os maços de dólares. Em seguida o funcionário bateu com os dedos na máquina de somar, puxou a alavanca e introduziu através do vidro vinte pequenos pacotes de notas em cruzeiros. Ela contou superficialmente os pacotes e fechou a pequena maleta. Ela sorriu para mim e se aproximou de onde eu estava. Ela se encostou à mureta, voltou a sorrir e disse que iria fazer uma viagem no final da semana para o litoral. Eu procurei representar a minha tranquilidade perguntando em seguida quantos dias ela pretendia passar no litoral. Ela respondeu sorrindo que não estava certa e que isso dependeria de um grupo de pessoas que estava planejando a viagem, a praia que seria escolhida, o hotel... Eu sorri para Marilyn Monroe novamente, procurando esconder a minha inquietação, e perguntei se ela estava esperando por alguém. Marilyn Monroe disse: "Não...", e sorriu girando o corpo na direção da escada que subia na direção da rua. "Vamos?...", perguntou ela. "Vamos", eu respondi e a acompanhei. Nós saímos do banco e eu encostei Marilyn Monroe no canto da porta, e deitei abrindo as suas pernas. Eu me movimentei sobre ela vinte minutos e eu não consegui atingir o orgasmo. Ela torceu o lábio e me empurrou para o lado levantando-se irritada do canto da porta. Eu me aproximei de Marilyn tentando convencê-la de que desta vez eu iria atingir o orgasmo. Ela não respondeu e nós brincamos de caminhar. Ela me abraçou pisando sobre os meus pés e eu dei os passos e ela me acompanhou no movimento. Eu e ela nos aproximamos caminhando juntos colados um ao outro do bar e vimos o físico nuclear, um gordo de cabelos brancos e de charuto na boca, explicando para o barman como ele queria o molho de macarrão. O físico nuclear olhou para nós dois juntos naquela posição e riu fechando os olhos e retirando o charuto da boca. O físico nuclear voltou-se para o barman explicando como ele pretendia o molho de macarrão, e prosseguiu explicando e apontando para as verduras e temperos que estavam colocados sobre o balcão. Eu deitei novamente Marilyn Monroe e nós nos encolhemos um junto ao outro. Ela sentia dificuldade em se movimentar e eu não atingia o orgasmo. Eu me levantei do canto da porta e percebi que nós estávamos no supermercado. As longas filas de latas, sabonetes, óleos, salsichas, ovos, sabão em pó, formando pilhas sobre as prateleiras, e homens e mulheres percorrendo as alamedas entre as prateleiras e recolhendo as mercadorias e colocando-as no carrinho. Um vendedor de carros abria as portas de uma perua Kombi e mostrava para um senhor e uma senhora que pretendiam comprá-la. O vendedor explicava apontando para o interior da Kombi o amplo espaço disponível para as pessoas e para a bagagem. O vendedor se introduziu no interior da perua e retirou o banco traseiro, dizendo que o espaço aumentaria para o transporte de pequenas cargas. O vendedor novamente da perua, deu a volta em torno dela apontando pequenos detalhes nos vidros e das portas para o casal que ouvia atento, e depois abriu a tampa do motor, situado na parte traseira do carro. O vendedor retirou do bolso um prospecto colorido que indicava as principais divisões do motor Volkswagen e as suas inovações. O senhor abriu o prospecto colorido na frente de sua esposa e os dois o estudavam atentamente, seguindo as instruções do vendedor, que apontava as peças no motor da Kombi. Eu me afastei do pavilhão de carros e entrei no mictório do supermercado. Eu entrei na privada com o membro rijo para fora e comecei a me masturbar. A parede à minha frente não era fechada, terminava numa mureta de um metro de altura. Um dos funcionários do supermercado me observou e eu pensei que ele deveria estar pensando que eu escondia uma lata de sardinhas no paletó, ou se ele simplesmente olhava para mim enquanto eu me masturbava. Quando eu voltei o garoto de dez anos estava sobre Marilyn Monroe. O garoto retirou o corpo e mostrou para mim sorrindo a chave de fenda. O garoto pretendia dizer que ele não estava sobre Marilyn Monroe e que ele foi buscar a chave de fenda que estava ao lado do corpo de Marilyn Monroe. Ela estava de calças compridas e blusa, mas eu soltei uma bofetada leve que pegou no rosto. Marilyn continuou como se nada tivesse acontecido, e realmente a minha bofetada foi muito fraca, e ela não sabia se tinha sido uma brincadeira. Eu repreendi irritado o garoto de dez anos e o garoto se introduziu sob a pia que estava acima de Marilyn Monroe e passou a consertar o cano. O garoto de dez anos tinha vindo consertar o cano da pia que estava entupido, e procurava retirar o encanamento curvo em forma de S. A pia estava situada sobre Marilyn Monroe, que continuava deitada, e o garoto de dez anos a cada instante subia sobre ela e voltava para buscar as ferramentas. O garoto se movimentava rapidamente sobre ela, se introduzia debaixo da pia, procurava as ferramentas que estavam sob o corpo de Marilyn Monroe e ela levantava um pouco as nádegas e o garoto introduzia a mão, olhava para mim rápido como se estivesse se justificando, ela olhava para mim ternamente como se dissesse que eu estava imaginando coisas e que o garoto estava somente consertando a pia. Marilyn Monroe levantou-se nua e mostrou no seu vestido vermelho as várias espécies de esperma. Eu olhei as marcas no vestido vermelho e cintilante e ela explicou para mim que de acordo com a consistência do líquido poderia se calcular a idade do homem que tinha produzido o esperma. Os velhos possuíam um esperma mais amarelo. Eu me irritei com o conhecimento que Marilyn tinha dos vários tipos de esperma, e ela sabia dizer exatamente a quem pertencia, a idade e o peso, de acordo com a coloração da mancha no vestido vermelho, e uma grande quantidade de esperma ainda não havia secado e eu via os líquidos brancos escorrendo, enquanto ela apontava para cada um deles e dizia a idade, o peso e o nome de quem tinha deixado ali a marca úmida. Eu escarrei no copo de alumínio em forma de cone e saiu da minha garganta uma pequena placa de catarro de quatro centímetros, e essa pequena placa permaneceu presa por um fio de saliva à minha boca e ao copo. A pequena placa de catarro oscilava presa ao tênue fio de saliva que escapava de minha boca. Eu estava com uma infecção na garganta que eu contraí lambendo o sexo de Marilyn Monroe, que estava com uma inflamação provocada pelo aborto. Naquele instante entrou no supermercado a amiga de Marilyn Monroe, e nós dois olhávamos de pé as latas de salsicha e sabão em pó. A amiga de Marilyn Monroe apontou para o chão onde existia uma mancha molhada de esperma que deveria ter escorrido da vagina de Marilyn. A amiga de Marilyn disse rápido que Cecil B. de Mille, Marlon Brando e Tony Curtis subiam as escadas e naquele instante deveriam entrar no supermercado. Eu e Marilyn Monroe ouvimos as conversas na escada e os passos, e naquele instante a amiga de Marilyn Monroe sentou no chão sobre a marca molhada de esperma. A amiga de Marilyn olhou para nós dois com um meio sorriso e disse que ela tinha escondido a marca molhada de esperma, e que Cecil B. de Mille, Marlon Brando e Tony Curtis, que entravam alegremente no supermercado, não veriam a marca molhada de esperma porque ela estava sentada em cima. Eu abracei Cecil B. de Mille e cumprimentei sorrindo Marlon Brando e Tony Curtis. Nós cinco caminhamos no corredor de latarias do supermercado e o diretor de cinema recolhia as latas no carrinho e eu, Marilyn Monroe e o ator Marlon Brando ficamos para trás. Eu sentei atrás da pilha de latas e procurei levantar a saia de Marilyn Monroe. Naquele canto atrás da pilha de latas onde eu, Marilyn Monroe e Marlon Brando nos encontrávamos era mais escuro. Eu levantei a saia de Marilyn Monroe e fiz com que ela sentasse no meu membro vertical e rijo. Marilyn se movimentou para cima e para baixo, e Marlon Brando, excitado, se masturbava olhando para Marilyn, que subia e descia sentada sobre o meu membro rijo. O diretor Cecil B. de Mille e o ator Tony Curtis voltavam empurrando o carrinho cheio de conservas. Eu, Marlon Brando e Marilyn Monroe mantivemos o rosto impassível acima da pilha de latas esperando o diretor e o ator. Nós três éramos vistos por Cecil B. de Mille da cabeça para cima, o corpo estava escondido atrás da pilha de latas. Cecil B. Mille passou acompanhado de Tony Curtis e nós o cumprimentamos com a cabeça, e em seguida Marilyn recomeçou a se movimentar para cima e para baixo sentada sobre meu membro rijo e Marlon Brando se masturbava freneticamente de olhos fechados. Eu disse para Marilyn Monroe que era inútil e que eu não atingiria o orgasmo naquela posição. Marilyn Monroe se desprendeu de mim e desceu dois degraus da escada. Eu estendi o braço, soltei um gemido e segurei a mão de Marilyn Monroe. Ela se aproximou, mas olhava para a escada que ela deveria continuar. Marilyn falou irritada que ela não tinha tempo de ficar comigo, e que ela estava com pressa e tinha milhões de coisas para fazer. Enquanto eu me agarrava no braço de Marilyn Monroe eu percebi que ela não estava atenta ao que dizia ou ela pretendia escapar descendo a escada. Eu gemi e soprei uma voz fraca dizendo para Marilyn Monroe que eu precisava dela, e que eu estava doente. O braço de Marilyn escorregou das minhas mãos e ela continuou se desculpando de não permanecer ao meu lado, e inclinou o corpo na direção da escada e se desprendeu de mim e partiu veloz descendo a escada. O automóvel prateado e aerodinâmico mantinha a cabeça elevada e estava na plataforma de cima. O automóvel prateado deslizou da plataforma e caiu com um estrondo. Eu desviei o corpo e o automóvel prateado passou veloz ao meu lado. O solo de vidro fendeu com a queda do automóvel prateado e subiu. Ao longe Marilyn Monroe deslizou no solo de vidro e todas as plataformas se fraturaram em desordem. Eu ouvi o grito de Marilyn Monroe e a queda. As amplas plataformas se fendiam e desabavam umas sobre as outras. O solo de vidro se fraturou e eu ouvi o ruído estridente dos estilhaços de vidro se fragmentando, o solo se fechou sobre mim, e eu caí deslizando no solo em movimento.

Eu estava sentado numa das mesinhas de fora do bar que se dispunham na larga calçada ao longo da avenida. Turistas, homens, mulheres e casais conversavam animadamente e bebiam chá, coca-cola, suco de laranja, milk shakes. Eu sentado em torno de uma mesinha de quatro cadeiras. Um velho e duas velhas franceses perguntaram se eles poderiam sentar enquanto eles aguardavam uma mesa. A noite estava quente e deveriam ser oito horas, e eu esperava por Marilyn Monroe ali misturado às crianças que corriam entre as mesas e a alegria e ociosidade dos turistas dispostos comodamente nas cadeiras. O velho e as duas velhas falavam em francês e eu olhava a avenida, onde passavam os carros, e a larga calçada, onde caminhavam os casais abraçados. A espera já se tornava cansativa entre um gole e outro de uísque. Eu pensei que ela poderia ter ido falar com o produtor de TV, e teve de decidir alguma coisa e talvez não aparecesse. Os casais e as famílias entravam entre as mesinhas e permaneciam de pé olhando em torno à espera de que alguém abandonasse uma das mesas. Os garçons passavam equilibrando taças de sorvetes, gins-tônicas, coca-colas. Ela surgiu de vestido azul-claro ao longe na larga calçada. Eu olhava para ela ao longe. Ela estava de cabelos presos, o rosto um pouco elevado e o vestido azul-claro preso por duas tiras. Quando ela atravessou as mesas e chegou até mim, eu me encontrava absorvido pela aproximação de Marilyn Monroe naquele vestido azul-claro, pisando leve entre as mesas, e eu senti pela primeira vez o sopro que eliminava o calor, a fadiga, o tédio e o sofrimento. Ela estava ali e eu sorri e beijei o seu rosto. Novamente eu senti a pele fresca tocando o meu rosto, e depois ela me beijou leve a boca. Ela sentou ao meu lado e perguntou no meu ouvido se aqueles velhos estavam comigo. Eu disse que o velho e as duas velhas estavam cansados de esperar por uma mesa, e pediram para sentar. Eu perguntei como tinha ido de almoço, e ela disse que foi divertido e que as crianças a dominaram com os presentes de Natal, e que Cecil B. de Mille deu garrafas de uísque para seus atores. Eu não ouvia o que ela estava dizendo, mas sentia a presença dela ao meu lado, o rosto que virava para os lados, as tiras das sandálias passando sobre o pé, o cabelo preso atrás, o pescoço longo, as pernas cruzadas e de instante a instante ela olhava para mim como se estivesse perguntando alguma coisa, mas ela continuava falando da ceia de Natal e sorria. Eu pensei que ela pretendia perguntar algo para mim, mas Marilyn Monroe estava somente me observando de perto e sorria de instante a instante. Eu beijei Marilyn Monroe no rosto e eu e ela caminhamos na direção da festa no apartamento de um amigo. Eu e Marilyn permanecemos afastados da festa num canto escuro do apartamento. Eu acariciava o mamilo de Marilyn com as pontas dos dedos e ela sorria para mim. Eu e Marilyn estávamos deitados no tapete e ela virou de costas mantendo as nádegas para cima. Eu coloquei a mão sobre as nádegas de Marilyn e acariciava de leve a forma redonda e macia. Depois eu apertei por trás o seu sexo e Marilyn começou a tremer e sorrir de prazer. Ela repetia várias vezes o meu nome agitando a cabeça. Eu perguntei no ouvido de Marilyn se ela queria ir para o apartamento e que nós poderíamos ficar nus e fazer sexo várias horas. Ela abriu os olhos, soltou um gemido fraco e disse que antes iria até o banheiro pentear o cabelo e arrumar o vestido. Marilyn levantou-se do tapete onde ela estava sentada, atravessou pelos convidados que bebiam uísque e dançavam alegremente, acenou para seus amigos e correu para o banheiro. Eu continuei sentado no canto da parede e depois me levantei e fui até o terraço. O dia estava claro e eu via do terraço a longa praia se estendendo na baía, o mar cercado pela faixa de ondas e o céu azul. Eu vi na praia um garoto brincando com o cachorro e o garoto corria veloz perseguido pelo cachorro. O garoto voltava ágil e rápido e corria na praia perseguido pelo cachorro. Eu estava um pouco cansado da posição incômoda que eu tinha ficado no chão do apartamento toda a noite, e pensava que o garoto que corria na praia deveria ter acordado cedo e que deveriam ser oito da manhã. Eu via a velocidade e alegria com que o garoto corria na praia perseguido pelo seu cachorro. Eu entrei novamente e vi Marilyn Monroe ajustando a saia no corredor e pensei que ela deveria estar pronta para sair; mas nesse instante chegaram o produtor Carlo Ponti e sua esposa Sophia Loren. O produtor Carlo Ponti entrou jovial e cumprimentando a todos e me abraçou. Carlo Ponti era muito simpático e sorria para mim batendo no meu ombro, e eu sorria para ele enquanto ele soltava piadas para todos os convidados e todos riam e o abraçavam. Eu fui para a cozinha buscar gelo para o meu copo, e quando eu voltei um grande número de mulheres cercava Marilyn Monroe, que se mantinha no centro de calcinha mostrando os seios pontiagudos. As mulheres conversavam alto e discutiam a respeito das espinhas que tinham subitamente aparecido no rosto e nas costas de Marilyn Monroe. Eu me aproximei abrindo caminho no excitado círculo de mulheres e vi o rosto de Marilyn coberto por minúsculos pontos amarelos. Marilyn continuava impassível e distante e respondia às mulheres que perguntavam insistentes que ela não sabia de onde tinham surgido as espinhas. As mulheres apontavam para as costas nuas e o rosto de Marilyn Monroe, examinando de perto as minúsculas espinhas que cobriam o seu corpo. Uma das mulheres disse que poderia ser o celofane de onde ela tinha retirado a calcinha, e que o papel transparente deveria ter passado para a calcinha os micróbios e quando Marilyn vestiu a calcinha apareceram as espinhas. Todas as mulheres correram para o quarto e Marilyn Monroe as seguiu perplexa, e quando eu entrei no quarto as mulheres discutiam umas com as outras examinando a grande quantidade de calcinhas coloridas e transparentes que se encontravam sobre a luxuosa cama de casal. As mulheres mostravam para Marilyn Monroe as calcinhas dizendo que o celofane, que servia de invólucro para as calcinhas, é que transmitia os micróbios que produziam as espinhas. Elizabeth Taylor, que estava no canto da sala, me entregou um vidro pequeno. Eu agradeci o presente e ela disse timidamente que era uma brilhantina para cabelo. Eu olhei para o vidro pequeno na forma de uma seringa e depois guardei no bolso. Liz Taylor continuava olhando timidamente para mim no canto da sala protegida pelos móveis antigos e gastos. Eu me aproximei e dei um beijo leve na boca de Liz. Ela me empurrou com a ponta dos dedos dizendo que eu não deveria ter feito aquilo. Eu repeti o beijo leve e Liz Taylor murmurou melancolicamente como se estivesse excitada.

Depois eu saí para fora da casa e encontrei Marilyn Monroe. Era o aniversário de Elizabeth Taylor e o ator Richard Burton passou transportando o bolo com as duas mãos seguido de atores e cineastas. Eu convidei Marilyn Monroe para entrar e nós entramos na outra sala e sobre a mesa havia três pratos de doces. Da outra sala chegava o barulho dos convidados e a voz do ator inglês Richard Burton comandando o aniversário. Eu e Marilyn saímos da casa e uma amiga de Marilyn desceu do Oldsmobile. A amiga de Marilyn perguntou se nós não queríamos ver o jogo de beisebol em Nova York e que ela estava de partida e poderia nos levar. Eu e Marilyn permanecemos alguns instantes perplexos, e depois respondemos que iríamos ao jogo de beisebol. A amiga de Marilyn apontou dois amigos que estavam envoltos em cobertores ao lado do carro, e disse que eles também iriam ao jogo, mas que havia lugar para todos. Depois a amiga de Marilyn Monroe perguntou se nós não tínhamos cobertores e que fazia muito frio na viagem. Marilyn respondeu que um cobertor era suficiente para mim e para ela, e que nós iríamos para Nova York assistir ao jogo de beisebol. Eu e Marilyn Monroe perguntamos para um homem que estava em frente do bar onde seria o jogo de beisebol. O homem indicou ao longe o estádio iluminado entre os edifícios e nós aceleramos o Oldsmobile e entramos no estacionamento. Eu e Marilyn entramos nas arquibancadas do estádio e nos ajustamos num dos cantos onde se aglomeravam os americanos e os alemães, e permanecemos de frente para o campo de beisebol. No fundo do campo dividido por uma cerca de arame apareceu o Grande Dragão da Ku Klux Klan carregando um negro queimado de três metros e uma espada de cinco metros. O Grande

Dragão de capuz pontiagudo e túnica de seda cantava e cruzava o imenso e pesado negro queimado com a espada. O Grande Dragão interrompeu o seu canto e rezou falando as palavras rapidamente. O Grande Dragão da Ku Klux Klan largou o negro queimado e segurou a espada de cinco metros. O encapuzado da Ku Klux Klan foi se elevando lentamente para o alto, e permaneceu suspenso no ar trinta metros acima do campo de beisebol. O chefe da Ku Klux Klan continuava elevado dizendo as suas orações e segurando a espada de cinco metros com ambas as mãos. O Grande Dragão da Ku Klux Klan iniciou a sua descida lentamente e tocou de leve com os pés o centro do campo de beisebol e entrou a besta de pescoço comprido e cabeça de casco de cabra. A besta entrou correndo balançando o seu enorme pescoço, que terminava num casco dividido. O animal corcoveava no canto do campo e os jogadores de beisebol procuravam acalmá-lo com gritos e tentavam manter a besta imóvel. O enorme pescoço de seis metros terminado num casco de cabra balançava batendo com violência no solo. O Grande Dragão da Ku Klux Klan explicou que a besta tinha nascido de uma porca e que o corpo era de porco e a cabeça e o pescoço de seis metros eram uma pata de bode. As trombetas e os tambores tocaram e apareceu no túnel Joe Di Maggio sendo levado num palanque por dez negros eunucos de saiote dourado. A multidão se levantou e todos cantaram o hino da chegada de Di Maggio. O herói Di Maggio, de capacete dourado, brilhava ao sol e o atleta agitou a sua foice de prata e a sua capa de seda vermelha. Di Maggio mantinha a cabeça elevada e era levado sobre o palanque por dez negros eunucos. Di Maggio abaixou a foice de prata e as trombetas e os tambores cessaram e em seguida a multidão finalizou o hino e deu um hurra!... O herói Di Maggio sorriu de cima de seu palanque, ordenou que os eunucos depositassem o palanque no chão, e ele desceu lentamente as escadas cobertas de veludo, agitou a sua capa de seda vermelha e tocou com os pés o solo do campo de beisebol. Os fotógrafos correram para o centro do campo, estouraram os seus flashes e as câmaras de TV e cinema fixavam dentro de suas cabinas a imagem de Di Maggio. A multidão que ocupava o estádio de beisebol estava excitada e todos conversavam entre si a respeito de Di Maggio. Joe Di Maggio se encontrava no centro do campo com os olhares fixos e silenciosos da multidão sobre ele. Dois eunucos negros de saiote dourado se aproximaram de Di Maggio e retiraram a capa vermelha, e apareceram os ombros largos e fortes de Di Maggio. O herói colocou a foice de prata sobre uma almofada e recebeu a bola do juiz. Di Maggio observou minuciosamente a bola branca na mão e depois iniciou uma ginástica movendo os quadris para os lados e o pé para frente e para trás. O atleta aspirou o ar violentamente e o seu peito cresceu, e ele girou em torno de seu pé numa velocidade incrível e a bola branca partiu descrevendo ziguezagues no ar. A bola passou pelo rebatedor como um foguete e a multidão gritou com o tento feito por Di Maggio. O juiz entregou uma outra bola branca a Di Maggio, enquanto o rebatedor e o pegador de máscara e acolchoado sobre o corpo tremiam. O ágil atleta repetiu a observação minuciosa da bola branca e realizou a ginástica inicial de movimentar os pés e os quadris, girou veloz em torno de si mesmo e lançou a bola em ziguezague. A bola partiu como um foguete e o rebatedor fechou os olhos e colocou o taco na frente do rosto. A bola bateu violentamente no taco, desmaiou o rebatedor, e a bola desapareceu no céu do estádio de beisebol. A multidão de espectadores se mantinha timidamente em silêncio, mas pouco a pouco alguns riram e depois toda a multidão estava rindo de Di Maggio. O herói, que se mantinha isolado no centro do campo, permaneceu imóvel alguns instantes observando a irreverência da multidão, e depois emitiu um olhar de fúria para a multidão, que gradativamente foi silenciando e se entregando a um pavor que irradiava dos dois olhos de fúria de Di Maggio. E assim permaneceram alguns instantes: Di Maggio imóvel emitindo um olhar de fúria contra a multidão de espectadores e a multidão paralisada pelo pavor. Di Maggio deu um grito potente e terrível e saltou para a almofada onde estava a sua foice de prata, e segurou a afiada foice de prata com ambas as mãos. O rosto de Di Maggio estava vermelho como um anúncio luminoso e de seus olhos saíam pequenas faíscas. A multidão se encontrava paralisada nas arquibancadas e todos pressentiam que iriam ser esquartejados. Di Maggio deu um segundo grito potente e terrível saltando para cima e agitando a foice. Di Maggio partiu veloz contra a multidão de espectadores, que fugia em pânico. Di Maggio degolou os quarenta guardas que ocupavam o alambrado com um só movimento de foice, e depois partiu esquartejando os espectadores. Saltavam cabeças, pernas, braços, corpos para todos os lados e aqueles que não eram esquartejados pela foice eram esmagados pelos pés de Di Maggio. Di Maggio distribuía furiosamente pontapés e golpes de foice para todos os lados e instantes depois ele corria saltando pelas arquibancadas e esquartejando os últimos espectadores. Di Maggio, depois de ter exterminado todos os espectadores, juízes, fotógrafos, repórteres, cinegrafistas, vendedores de coca-cola, destruía o estádio a pontapés. Os alicerces ruíam derrubados pelos potentes pontapés de Di Maggio e depois ele saltou agilmente para o estacionamento de carros e pôs fogo nos cinquenta mil carros que ali se encontravam e subiu para o céu uma imensa nuvem negra que escapava da fogueira dos carros amontoados e destruídos. O atleta, coberto de suor, sangue e cinza, olhou para Marilyn Monroe, que se encontrava indefesa no centro do campo entre os destroços do estádio de beisebol e entre cabeças, pernas e braços dos cadáveres esquartejados. Di Maggio primeiro olhou furiosamente para Marilyn indefesa e amedrontada entre os cadáveres esquartejados, e o seu vestido justo e dourado estava manchado de sangue e pó. Di Maggio olhou para Marilyn e cresceu o seu falo suspendendo a calça Di Maggio. O herói arrancou violentamente a roupa e saltou para fora o seu falo imenso de dois metros de comprimento. Di Maggio correu nu entre escombros balançando o seu falo imenso de dois metros de comprimento e abraçou Marilyn. Marilyn soltou um pequeno gemido e se abandonou nos braços fortes do herói. Di Maggio puxou o zíper do vestido de Marilyn e ela estava nua na sua frente com o seu corpo branco. Di Maggio ajoelhou e lambeu o ventre branco de Marilyn enquanto olhava extasiado o corpo lindo e os seios pontiagudos. Di Maggio deitou Marilyn entre os escombros, abriu as coxas brancas de Marilyn e introduziu o seu potente falo de dois metros no sexo de Marilyn Monroe. Marilyn soltou um grito e recebeu todos os dois metros do falo de Di Maggio e prendeu fortemente as pernas. Instantes depois Di Maggio atingia o orgasmo e esguichava esperma para todos os lados que saía de entre as pernas de Marilyn e instantes depois os cadáveres esquartejados e os escombros do estádio de beisebol flutuavam no esperma de Di Maggio. Os dois amantes se levantaram nus e o herói convidou Marilyn Monroe para dar uma volta na sua arraia gigante. Os dois montaram na arraia voadora e a gigantesca arraia subiu para os céus com um zumbido. Os ianques chegaram transportando mísseis terra-ar e estacaram diante da imensa fogueira extinta de automóveis. Os tanques ligaram os seus gigantescos holofotes e iluminaram com seus jatos de luz a gigantesca arraia que subia para o céu escuro. Os mísseis terra-ar escaparam com um estrondo de fogo dos tanques e subiram na direção da arraia voadora. Os mísseis subiam velozes entre os fachos da luz dos holofotes e se aproximavam da gigantesca arraia, e a arraia voadora desapareceu subitamente e os mísseis explodiram no vazio do céu escuro.

Eu desci do trem e o sargento disse que eu poderia ir até o final da linha e me alistar no exército. O sargento explicava para mim qual era o serviço militar mais fácil; a escola de oficiais da reserva ou uma outra destinada a formar soldados. Enquanto nós permanecíamos nessa hesitação o trem partiu e o sargento finalizou a explicação dizendo que a mais fácil era a que formava soldados e que grande parte do tempo de serviço não havia o que fazer. Eu sorri para o sargento e disse que eu escolhia a escola de formação de soldados. Nós dois estávamos parados num descampado à margem do rio e na nossa frente existia um pequeno porto com navios ancorados, armazéns e guindastes. O sargento disse que nós poderíamos prosseguir caminhando e seguir os trilhos do trem que nós iríamos terminar no Posto de Recrutamento. Nós atravessamos o porto, onde descarregavam longos tapetes coloridos, que eram depositados uns sobre os outros. Eram tapetes destinados aos grandes apartamentos da cidade. Os estivadores estendiam os tapetes coloridos fora dos armazéns e expunham os tapetes à luz do sol. Eu pensei comigo que os tapetes deveriam estar úmidos e estiveram expostos à chuva no navio. Nós deixamos para trás os estivadores que carregavam os grandes rolos de tapete e prosseguimos acompanhando os trilhos do trem. Nós continuamos descendo uma rua estreita cercada de construções de madeira onde trabalhavam os operários e os soldados. Lembrava uma grande feira e ao lado dos escritórios e pequenas fábricas, que deveriam pertencer ao exército, estavam grandes filas de operários e soldados que aguardavam o almoço. Eu comentei com o sargento que realmente a comida nesse quartel deveria ser muito superior à da escola que formava oficiais, e eu via os pastéis sendo fritos em pequenos carrinhos e depositados uns sobre os outros. Eu não sabia se era uma festa ou uma feira onde pastéis, bolos e doces eram vendidos naqueles carrinhos ou poderia ser o almoço do quartel. O sargento me introduziu na fila à frente de um senhor de terno e este sorriu gentilmente para mim. O sargento perguntou se eu poderia permanecer à sua frente, e o senhor de terno respondeu afirmativamente. O sargento continuou descendo e disse que iria tratar do alojamento ou qualquer coisa relativa à minha inscrição como soldado. Quando eu entrei no alojamento um soldado adolescente da divisão aeroterrestre estava deitado na cama. Eu me aproximei da cama onde estava o adolescente deitado de calção e beijei o seu pescoço. Eu estava excitado e sentia o corpo do soldado adolescente e a sua voz grave e baixa. O soldado sorriu e olhou o teto. Eu falei baixo que ele era lindo e o adolescente sorriu novamente. Eu segurei o calção do adolescente e puxei o calção para baixo. Eu abri as nádegas do soldado nu e, deitado numa das camas do alojamento, eu esfregava o meu membro rijo entre as suas nádegas. O soldado escapou dos meus braços e eu fiquei segurando na cama o meu membro que latejava. Eu fui agachado tremendo até o chuveiro e abri a água quente. A água quente do chuveiro caía sobre mim e eu ainda segurava meu membro rijo e latejando. Eu pensei comigo que eu poderia me masturbar, eliminando o desejo e a tensão em que eu me encontrava. Eu recolhi os obuses que estavam depositados na encosta do morro arredondado e coberto por obuses e um grande número de obuses era dourado e possuía inscrições de nomes. Eu apontei para um obus dourado e perguntei para o sargento se deveríamos levar aquele. O sargento respondeu que o major descia a encosta do morro em direção à linha férrea e que nós deveríamos voltar para o quartel. Eu olhei para o obus dourado e depois virei o corpo e acompanhei o sargento descendo a encosta do morro, que finalizava na linha férrea. Nós entramos no armazém geral e o sargento depositou a minha farda sobre a mesa e disse que tinha sido feita por um alfaiate, e que não estava terminada. A minha farda se encontrava em meio a um bule, uma cesta de pão e duas ou três xícaras de café. Eu notei que no ombro a farda estava somente alinhavada, como se fosse para ser experimentada e ajustada ao corpo. Eu entrei na galeria e perguntei para o japonês de uma camisaria onde era o alfaiate. O japonês respondeu que era no andar de cima. A escada rolante descia movimentando os seus degraus que desapareciam no chão. Eu olhei para a outra ponta da galeria cercada por pequenos bares e pequenas lojas e pensei comigo que a escada rolante que subia deveria estar do outro lado. Eu atravessei pelos soldados que transitavam e atingi a extremidade da galeria que se abria para a avenida. Eu olhei para cima e vi os degraus da escada rolante subindo e os soldados sendo levados para cima. Eu dei o primeiro passo e pisei nos degraus de aço da escada rolante e fui sendo levado para cima. Eu atingi o andar superior, que era uma repetição dos pequenos escritórios do andar inferior, percorri os pequenos escritórios e entrei na alfaiataria perguntando pelo alfaiate. O soldado que se encontrava diante do balcão disse que o alfaiate estava em cima, para eu me aproximar da escadinha que eu veria o alfaiate. Eu me aproximei da escadinha de madeira e vi o alfaiate sentado à mesa no topo da escada costurando algumas roupas. Eu disse para ele sem subir a escada que eu pretendia mandar fazer uma farda. O alfaiate disse que ele estava muito ocupado e que só poderia entregar depois do início do mês. Eu disse que não tinha pressa e ele respondeu que eu poderia aparecer outro dia para tirar as medidas. Eu acrescentei que pretendia uma farda de tecido impermeável. Eu expliquei para o alfaiate que a farda deveria ser curta, um palmo acima do joelho. O soldado que consertava a cerca deixou cair a mangueira para o interior do alojamento dos soldados. O major apontou irritado a mangueira saindo água e molhando o chão do alojamento. Eu chamei a atenção do soldado para a mangueira e em seguida o major ordenou que eu fosse buscar a faixa preta para entregar ao lutador de judô. Eu fiz continência e me afastei. Instantes depois eu estava com a faixa preta na mão e o soldado lutador de judô que deveria ganhar a faixa preta estava ao meu lado. Eu disse a ele que nós precisávamos encontrar um altar japonês para entregar a faixa preta. Eu e o soldado percorremos o alojamento em busca da sala onde se lutava judô e onde deveria estar o altar japonês. Eu e ele atravessamos uma sala que estava sendo encerada por quatro ou cinco soldados e nós caminhamos lentamente nas pontas dos pés para não escorregar. Fomos para o fundo do corredor e eu vi dois soldados sentados no chão vestidos de quimono. Eu perguntei a um deles, mostrando a faixa preta que eu levava na mão, onde eu poderia encontrar um altar japonês. Um dos soldados respondeu que não sabia, mas apontou para uma série de estampas e estatuetas japonesas que estavam pregadas na parede, e perguntou se o altar japonês não seria aquilo. Eu disse que não era o altar, e que o altar era uma pequena casinha de madeira de portas fechadas. O batalhão estava sentado no chão e todos estavam encostados na parede; todos comiam em bandejas de aço com várias divisões. Eu procurei uma privada vaga. Eu caminhei entre a multidão de soldados que comia e os soldados lavavam roupa na pia e nos chuveiros onde se tomava banho. Eu percorri várias privadas cercadas por muretas que chegavam até o meu ombro e eu poderia olhar para dentro das privadas e me certificar de que elas estavam ocupadas. Eu vi uma porta aberta e entrei, mas não era privada, era um chuveiro e a água pingava e havia uma poça de água ao redor do ralo, que deveria estar entupido. Eu fui para outra privada; olhei por cima da mureta e vi um soldado lavando roupa ajoelhado junto a uma tina quadrangular. Eu fui para outro canto do amplo mictório público e encontrei o sargento do meu pelotão encostado à parede com uma bandeja de comida apoiada nas pernas. Eu saudei o sargento e ele apontou para um soldado de lábios vermelhos e coxas volumosas que passava ao meu lado. O sargento disse de boca cheia de comida: "É este". Eu olhei para o soldado e o sargento pretendia dizer que o soldado era muito sensual e que ele pretendia sair com aquele soldado quando ele terminasse de almoçar. Eu olhei para o soldado se afastando e vi através da farda colante as nádegas oscilando para os lados. Eu fiz um aceno para o sargento que estava sentado no chão encostado à parede e comendo ao lado de outros soldados e me despedi. O mictório do quartel era extenso e lembrava uma construção inacabada onde os pilares quadrangulares não estavam revestidos e aparecia o concreto, o teto era baixo e não estava revestido e se viam os encanamentos e as vigas de concreto. Eu voltei para procurar uma privada vazia e olhei por cima da mureta e o soldado que lavava roupa ainda se encontrava ajoelhado junto à tina quadrangular e esfregava com uma escova o fundo da tina. Eu saí do refeitório e fui para o alojamento. Eu entrei na privada do alojamento, urinei e saí. Quando eu saí da privada o soldado de lábios vermelhos arrumava os cabelos diante do espelho. Eu sorri para ele e o soldado respondeu ao sorriso e perguntou se eu já tinha almoçado. Eu respondi que tinha almoçado naquele instante e nós saímos conversando do mictório e entramos no alojamento. O soldado de lábios vermelhos levantou o seu travesseiro e me mostrou a sua coleção de revistas em quadrinhos. O soldado adolescente sorriu e ele estava de pijama. Eu e ele saímos do alojamento, atravessamos o outro alojamento onde os cabos dormiam e subimos para o terraço. O adolescente sentou na mureta do terraço e abriu as pernas. Eu olhava para as pernas finas e frágeis do adolescente que conversava comigo. O pijama do adolescente soldado era fino e cor-de-rosa e eu via as minúsculas flores desenhadas no tecido. Do outro lado do terraço um sargento consertava a caixa-d'água do alojamento dos soldados. Eu conversava com o adolescente sentado na mureta do terraço, e ele sorria para mim de instante a instante e eu via o brilho de excitação nos seus olhos. Eu pensava que ele deveria estar excitado comigo, e eu pensei que talvez eu e ele pudéssemos voltar para o alojamento. Eu me levantei da mureta onde eu estava sentado, e ele levantou-se ágil e rápido sorrindo. Eu e ele fomos para a porta que dava para o terraço, e naquele instante o sargento que consertava a caixa-d'água do edifício resolveu descer e eu, o sargento e o adolescente nos encontramos em frente da porta que descia para o alojamento. Eu e o soldado de lábios vermelhos descemos as escadas e saímos no jardim escuro do alojamento. Eu e ele deitamos na grama e eu passei as mãos nas coxas do adolescente. O soldado escapou das minhas mãos, levantou-se e nós volteamos o prédio do alojamento. Eu e ele recomeçamos a nos esfregar mutuamente e ele decidiu correr para encontrar um lugar onde nos pudéssemos deitar. O adolescente de pijama correu entrando numa das pistas de corrida, e eu corri logo atrás. Eu e ele ultrapassamos correndo os campos de basquete e de futebol. O soldado de lábios vermelhos corria de pijama e eu corria logo atrás, e de instante a instante, correndo, ele olhava para trás e sorria. Eu e ele deitamos no corredor do estádio. O soldado adolescente sorriu e me abraçou abaixando a calça do seu pijama. Eu o beijei na boca, virei o adolescente de costas e enterrei o meu membro rijo entre suas nádegas. Uma sentinela de capa e bigodes passou lentamente no final do corredor e olhou para nós dois deitados. Eu me esforçava para atingir o orgasmo, mas fui obrigado a levantar-me e abandonei o corpo do soldado. Ele levantou-se em seguida e nós dois procuramos um outro canto onde nós dois pudéssemos fazer sexo sem ser observados pela sentinela. Eu senti uma dor no estômago no momento em que o meu pênis escapava das nádegas do adolescente. O soldado de lábios vermelhos caminhava ao meu lado eu olhava para as suas coxas, que apareciam no final da camisa escura. Era uma camisa de mangas compridas. Nós dois caminhávamos um ao lado do outro, mas isolados. Ele deitou no canto da parede e eu voltei a deitar sobre ele introduzindo o meu membro rijo entre suas nádegas. Continuei me movimentando ritmadamente para ver se atingia o orgasmo, mas não consegui porque apareceu uma outra sentinela e parou ao longe nos observando. Eu me levantei novamente, o adolescente levantou-se e eu vi o sargento de pé colocando um soldado sobre a mureta. O sargento movimentava-se violentamente para frente e para trás e eu falei para o adolescente que estava comigo que o sargento poderia machucar o soldado. O sargento desceu a rua e dizia que era perigoso foder com os soldados e que nós dois poderíamos ser presos. Eu me senti com medo e pensei que não deveria ter entregado o número do meu cartão para a sentinela. Mas lembrei-me de que o cabo corneteiro havia dito que não existia mais problema de corrupção de soldados, que essa ideia de moral já estava ultrapassada. Eu concordei com o que o cabo corneteiro havia dito por que eu estava interessado sexualmente pelo soldado de lábios vermelhos. Nós saímos do quartel e nos sentíamos bem. Eu, o sargento e um cabo sorríamos um para o outro, e de instante a instante o cabo soltava um gracejo e nós ríamos muito. Nós três marchamos apressados e os nossos passos eram fortes e rápidos. Atravessamos a rua movimentando os braços para frente e para trás como se estivéssemos obedecendo a um comando militar. Nós passamos ao lado de um jornaleiro e sobre a banca dos jornais estavam colocadas várias caixas de biscoitos, doces e chocolates. Eu fui o último a passar pela banca e levei um biscoito. Logo em seguida eu mostrava o biscoito roubado para o sargento e o cabo e eles sorriram, olhando a camada de chocolate que cobria o biscoito. Eu mordi o biscoito e o biscoito era macio e eu senti o chocolate dissolver na boca.

Depois nós entramos no tanque e o sargento guiava sentado no banco de trás. O tanque possuía um painel e direção no banco de trás e o sargento insistia em guiar o tanque sentado no banco de trás. Eu tentei convencer o sargento de que ele não conseguiria enxergar a estrada soterrado no banco de trás e que ele deveria pular para o banco da frente e guiar normalmente. Mas o sargento insistia em permanecer no banco de trás, o sargento dizia que ele iria assustar os transeuntes, que diriam: "Oh!... Um tanque sem motorista!..." O cabo, que estava sentado junto à janela, não se manifestava e permanecia olhando para fora e vendo as pessoas, os carros e os edifícios passando. O sargento virou numa curva e continuou guiando o tanque escondido no banco de trás, mantendo somente os enormes olhos para cima e olhando a rua. Eu me desinteressei e o sargento olhou para mim e passou a comentar o amor que ele sentia pelo soldado de lábios vermelhos de dezessete anos. O sargento falou na sua voz confusa que nós não deveríamos estar andando de tanque e que ele deveria descer e falar com o soldado de lábios vermelhos de dezessete anos que ele amava. Eu, o sargento e o cabo saltamos do tanque e nos aproximamos do helicóptero que se preparava para levantar voo. O piloto do helicóptero falava de dentro da cabina de plástico e nós estávamos fora. Eu, o sargento e o pelotão nos encontrávamos fora do helicóptero e perguntávamos para o piloto se o helicóptero aguentaria o peso do pelotão. O piloto respondeu que ele iria tentar, e fez um gesto com a mão para que todos os soldados entrassem na cabina de plástico. Nós entramos confusamente na minúscula cabina e nos espremmos junto às paredes e junto dos mostradores. O piloto, que estava sentado acionando os botões e pequenas alavancas dos mostradores, pediu que o sargento afastasse um pouco e sentasse junto da porta. O piloto perguntou se nós estávamos prontos e pressionou com o dedo o botão de partida. As enormes pás do helicóptero giraram ruidosamente e provocaram um grande vento em torno do aparelho e o piloto elevou o helicóptero a alguns centímetros acima do solo e nós percebemos que o helicóptero flutuava. O piloto continuou a acelerar as pás do helicóptero e o aparelho levantou-se a alguns metros do solo e seguiu deslizando acima das linhas férreas. O helicóptero mantinha a mesma altura baixa e depois pretendeu se elevar, mas foi contido pelos fios elétricos estendidos sobre as linhas férreas. Nós gritamos "Oooh!..." de medo e alegria, e o piloto nos tranquilizou dizendo que o helicóptero não ficaria preso nos fios. As pás do helicóptero, que giravam velozmente, batiam nos fios, e depois o helicóptero saiu dos fios e se elevou a alguns metros acima dos edifícios e armazéns. Eu deitei entre as granadas e o sargento e o seu soldado entraram. O sargento de capacete de aço olhava para as paredes caminhando entre explosivos elogiando as granadas e os obuses. Eu continuei deitado ouvindo o sargento. Instantes depois o sargento e o seu soldado entraram atrás das caixas de dinamite para ouvir o rádio. Eu ouvia deitado a voz do locutor de rádio e o ruído do sargento e seu soldado fazendo sexo. O ruído que o sargento fazia atrás das caixas de dinamite lembrava alguém batendo massa de bolo, mas eu sabia que o sargento estava fazendo sexo com seu soldado e aquele ruído só poderia ser do pênis do sargento entrando entre as nádegas molhadas do soldado. E depois chegou o soldado de lábios vermelhos que eu havia conhecido no dia do golpe militar e nós deitamos entre as granadas. Eu olhava para uma correntinha dourada que ele trazia no pescoço. Havia uma medalhinha de uma santa e um número gravado numa minúscula placa. Eu perguntei o que significava aquele número e ele respondeu que era para identificar o seu corpo se ele morresse. O soldado de lábios vermelhos estava nu e eu tentei virá-lo de costas para penetrá-lo por trás. Ele tinha umas nádegas redondas e largas. Mas ele voltou a virar de frente soltando um não gemido pela boca. Depois nós desmontamos os fuzis no alojamento de soldados, que lembrava um bar luxuoso, e eu desmontava o fuzil numa das mesas. Eu senti grande dificuldade em desmontar as peças menores do fuzil, joguei para o lado o fuzil e as peças e deitei na cama. Eu dormi dez minutos e acordei quando entrou no alojamento um cabo da divisão mecanizada. Eu ainda estava sonolento e o cabo falou comigo irritado, dizendo que ele iria dormir naquela cama e que o alojamento de soldados estava uma confusão e os lençóis, sujos. Eu levantei um pouco a cabeça e verifiquei que coturnos, meias, camisas, toalhas e fardas estavam jogados sobre as camas e os lençóis estavam escuros de sujeira. Depois que o cabo saiu do alojamento eu pensei que o comando estava misturando várias divisões e hierarquias no mesmo alojamento, o que não acontecia antes do golpe de estado, e eu pensei até que o alojamento deveria estar com mau cheiro devido ao grande número de soldados que se masturbava naquelas camas, e eu recordei que naquela semana eu havia me masturbado três vezes sobre aqueles lençóis. Depois todos os soldados foram para o auditório e a negra imensa Ella Fitzgerald cantava na concha de concreto pregada ao teto do auditório. O quarteto de jazz que acompanhava a negra imensa também estava sobre essa concha de concreto. Eu olhava para Ella Fitzgerald do balcão onde eu e um grande número de soldados e sargentos estávamos sentados. A negra imensa, que possuía um cabelo alto e largo, agitou furiosamente os braços e cantou com todo o entusiasmo lançando o corpo para frente. Eu vi Ella Fitzgerald atingir a extremidade da concha de concreto pregada ao teto do auditório e pensei que a negra imensa deveria cair a qualquer instante e esmagar muitos soldados que se encontravam na plateia. Quando eu percebi que a negra imensa estava na extremidade da concha de concreto, eu encolhi as pernas e virei a cabeça para trás porque eu não queria ver a negra imensa cair com um estrondo e esmagar os soldados e sargentos que se encontravam na plateia. Depois houve uma conferência sobre combate às guerrilhas, e o general criticava o livro de Che Guevara. O general estava dentro de um carrinho pregado à parede do fundo do auditório e o carrinho subia e descia. O general explicava que o livro de Che Guevara não era bom, porque ele errou na forma de considerar a atuação do exército. O livro de Che Guevara não considerava o armamento atual do exército, e o general considerava que o exército possuía nova tática de combate às guerrilhas. O general subiu no carrinho pregado à parede e arrancou o retrato de Che Guevara e pisou a fotografia. Eu e um grande número de soldados admiradores de Che Guevara nos despejamos uns sobre os outros pretendendo refutar o general. Nós formamos um grande bloco de soldados uns sobre os outros e saltamos as fileiras de poltronas para nos aproximarmos do general. O general bateu a campainha pedindo silêncio aos assistentes e a cortina do palco se abriu e apareceu uma ilustração teatralizada das explicações do conferencista.

Uma atriz gorda sentada numa cadeira com uma faixa transversal em que estava escrito Partido Comunista, e a cortina se abriu e a mulher foi fuzilada. Eu comentei baixo com o sargento meu amigo que eu não concordava com a tese do conferencista sobre o fuzilamento da mulher gorda que representava o Partido Comunista, e eu estava cansado para assistir àquela conferência e perguntei para o sargento se ele não queria sair. O sargento concordou com um movimento de cabeça e nós saímos do auditório abafado. Nós entramos no porta-aviões "Lyndon Johnson" e flutuava uma caixa de aço e as ondas batiam no costado quadrangular e um técnico apontava no centro um orifício pequeno de onde deveriam sair os pequenos foguetes; acima desse orifício existiam grandes mostradores e uma teleobjetiva. A gigantesca caixa semelhante a um submarino quadrangular oscilava para os lados acompanhando os movimentos das ondas que batiam no seu costado de aço. Um dos técnicos apontou para o jato supersônico que zunia no espaço e o pequeno foguete saiu explodindo do orifício sem uma direção determinada. O pequeno foguete girava no espaço em ziguezague em busca do jato supersônico. O grande olho mecânico se movimentou procurando focalizar o jato, enquanto o pequeno foguete continuava o seu voo desordenado e em ziguezague. Um grande número de oficiais norte-americanos e dominicanos olhava para o alto sobre o convés do porta-aviões. A grande máquina quadrangular parou de se movimentar e permaneceu oscilando sobre as ondas e o olho mecânico fixou o jato supersônico que zunia nas nuvens. O pequeno foguete manteve o voo circular e em ziguezague, e seguiu um rumo definido na direção do jato supersônico. O pequeno foguete chocou-se com o jato supersônico, e o jato explodiu nas nuvens estufando uma nuvem de fogo. Todos os oficiais dominicanos e norte-americanos que se encontravam sobre o convés do porta-aviões sorriram e se cumprimentaram mutuamente devido ao êxito da operação. O técnico encarregado da grande máquina subia na rampa do porta-aviões. Eu abandonei o porta-aviões "Lyndon Johnson" e vi desenhada a silhueta de soldados e canhões no alto da colina, e ouvi o barulho dos tiros de metralhadora. Eu voltei e perguntei para outros soldados, que eu mal conseguia distinguir na penumbra, se eu poderia passar na estrada. Os soldados riram e responderam que era muito difícil e que a estrada era a linha de fogo, mas que eu poderia tirar o capacete e avançar com menos perigo. Eu agradeci ao grupo de soldados, retirei da cabeça o meu capacete e o coloquei debaixo do braço. Os comunistas atacavam as forças do governo e eu seria reconhecido como um dos soldados do governo. Eu prossegui caminhando na estrada escura e ouvi ao longe o estalo rápido das metralhadoras e o troar dos canhões. Os guerrilheiros comunistas avançaram entre as árvores da colina e quando eu estava na cidade e já era dia eu fui informado de que os guerrilheiros comunistas tinham vencido e o povo festejava a vitória nas ruas. O regime capitalista e as forças do governo haviam caído e os comunistas estavam no poder. Eu saltei de alegria no meio da multidão e tomei um ônibus abarrotado de camponeses. Os camponeses se apertavam uns aos outros e todos estavam alegres e cantavam. O ônibus prosseguiu lentamente pela estrada e eu desci com dificuldade, transpondo os camponeses apertados uns aos outros até chegar à porta do ônibus. Eu desci do ônibus e a multidão gritava com ódio agitando os braços para o porta-aviões "Lyndon Johnson", que atracava no cais. O porta-aviões levava uma multidão de fuzileiros norte-americanos em silêncio. Os milhões de capacetes imóveis cobriam toda a pista do porta-aviões. A imensa quilha de ferro se aproximava lentamente do cais enquanto a multidão que se encontrava no cais gritava furiosamente contra a aproximação do porta-aviões. Eu gritei espremido na multidão irada. O porta-aviões, que transportava o batalhão de marines, atracou no cais, e a multidão se dispersou em pânico. Eu balancei os pés sentado na longa mesa de mármore do frigorífico e olhei para as altas e volumosas cabeças dos comunistas que tinham sido enforcados depois da invasão dos marines. De capacete de aço, farda e metralhadora eu montava guarda no frigorífico sentado na laje de mármore e os meus pés estavam soltos no ar. Entrou uma estudante comunista com uma máscara contra gases, e recolheu um dos corpos decapitados que se encontrava num saco de trigo. Eu percebia o volume e o peso do corpo encerrado no saco de trigo. A estudante comunista arrastou o saco com dificuldade, parou à minha frente e perguntou como que eu conseguia permanecer indiferente ao que estava acontecendo. A estudante não pretendia uma resposta, e continuou arrastando o corpo para fora do frigorífico enquanto eu balançava os pés soltos no ar. Eu olhei para as cabeças dos comunistas conservadas no frigorífico do Departamento de Ordem Política e Social, e as cabeças eram muito grandes e lembravam cabeças de papelão pintado usadas no carnaval. Os olhos estavam abertos e a língua para fora, e havia uma outra língua comprida e fina amarrada ao pescoço da enorme cabeça como uma gravata.

Eu caminhei alguns passos pisando nas minúsculas pedras redondas de praia e sentei ao lado de Harpo Marx. Harpo estava sentado sobre um tronco e as suas curtas pernas jaziam suspensas no ar. Eu falei para Harpo sobre o movimento terrorista e um negro indigente se aproximou de nós e permaneceu de costas. O negro deveria estar bêbado e falava consigo mesmo. Eu continuei falando sobre terrorismo e a brisa do mar agitava os cachos dourados do cabelo de Harpo Marx. O negro lançou de costas subitamente uma garrafa sobre mim. Eu me levantei, a garrafa tinha passado acima do meu ombro, e fui para o bar diante da praia. Entrei no bar, que estava lotado de turistas americanos e alemães que bebiam uísque, comiam queijo e salsichas e conversavam entusiasticamente uns com os outros. Quando eu entrei no bar à procura de um policial eu percebi a qualidade dos queijos, do chope, do salame e do uísque pelo cheiro que envolvia o ambiente cheio de fumaça e iluminado, e percebi que o rosto suado dos alemães e americanos estava corado de saúde. Eu perguntei para um turista onde eu poderia encontrar um policial e o policial apareceu e eu disse que um negro indigente tinha jogado uma garrafa sobre mim e Harpo Marx. O policial se irritou com o negro e abandonou bruscamente o bar. Eu e o policial estávamos fora do bar e percorríamos com o olhar a praia. "Ali está o negro", disse eu apontando ao longe o negro que caminhava na praia. Nesse instante o negro caiu e rolou na praia inclinada na direção do mar e parou a poucos metros do mar. O policial soltou um "Ah!..." de irritação e desprezo, e que o negro estava bêbado e que não valia a pena prendê-lo. Eu voltei para a praia e quando eu me aproximava Harpo Marx avançou furioso na minha direção com a buzina elevada e eu dei um pontapé na harpa que Harpo Marx carregava junto à barriga como escudo. Eu tentei dar um murro na boca de Harpo, mas ele desviou irado. Eu dei outro pontapé e Harpo caiu preso entre as cordas da harpa. Eu avancei para Harpo e piquei o jornal. Eu gritava para Harpo Marx que eu era contra as ideias daquele jornal e que eu não iria discutir com ele se o Partido Comunista estava agindo corretamente ou se era um erro do partido permanecer inativo e esperar a queda do governo. Eu e Harpo interrompemos a luta e sentamos novamente no tronco de árvore. Eu e Harpo Marx sentamos cansados no tronco de árvore na praia, e olhei para Harpo e percebi que ele estava impaciente e entediado, e movimentava o seu corpo como pretendendo se ajustar ao tronco de árvore. As curtas pernas de Harpo mantinham os largos pés flutuando acima da areia. Harpo Marx saltou para a areia e se despediu com um aceno buzinando e arrastando a sua harpa com as cordas partidas. Eu me levantei do tronco atravessando a praia e segui Harpo Marx ao longe. Quando eu entrei o surdo-mudo Harpo pintava um quadro jogando minúsculas pernas e braços na tela. As minúsculas pernas e braços colavam-se à tinta e permaneciam pregados a um enorme mapa. Harpo Marx arregalou os olhos e buzinou exaltando o seu quadro e indicou para mim a parte que envolvia o mapa onde ele jogava as minúsculas pernas e braços e disse que o azul representava o mar. Eu reconheci primeiro a barriga e o umbigo de uma mulher que poderia ser Marilyn Monroe, onde Harpo jogava as minúsculas pernas e braços que se pregavam na tinta que ainda não estava seca, e depois reconheci um mapa que poderia ser os Estados Unidos cercados pelo mar. Harpo Marx apontou novamente para a parte azul que envolvia o mapa e repetiu que era o mar. Depois eu e Harpo fomos para o cais do porto, eu me aproximei da lancha ao lado de Harpo de cartola e sobretudo para perguntar para um dos marinheiros quando haveria outra viagem para a Venezuela. O marinheiro, sentado sobre uma das escotilhas da nave alongada e branca, respondeu que a outra lancha deveria voltar e depois aquela partiria. Eu disse para o marinheiro que eu tinha esquecido a minha maleta na última viagem, e pretendia recuperá-la. O marinheiro respondeu apontando para uma outra lancha ancorada no centro da baía que a minha maleta poderia estar naquela lancha. Eu agradeci e me afastei acompanhado de Harpo Marx, que gesticulava buzinando, como se estivesse falando consigo mesmo. A outra lancha azul jazia no centro do mar plano e eu pensava olhando do cais se eu poderia alugar um barco pequeno para me transportar até o centro da baía. Eu passei por baixo das pernas de aço dos guindastes e entrei no restaurante para perguntar onde eu poderia alugar um barco. O surdo-mudo de cartola e buzina na mão direita me acompanhava taciturno gesticulando para si mesmo e girando os seus enormes olhos. Quando eu entrei no restaurante eu vi o garçom preparando um sanduíche de presunto e queijo, e senti fome e pedi um sanduíche. O garçom colocou de lado o outro sanduíche e ia preparar o meu, quando eu apontei um pão doce macio que se encontrava num dos armários. Eu disse para o garçom que eu preferia o pão doce macio, e o garçom o abriu com a faca, que atravessou facilmente o pão doce, e colocou as fatias de presunto e queijo. Quando eu mordi o sanduíche eu ouvi o barulho do motor dos caminhões que entrava pela janela e me agachei para não ser visto. As tropas de soldados passavam levadas pelos caminhões, e todos os soldados eram jovens e alegres e soltavam gargalhadas. Eu me escondi atrás da mesa, e depois que os caminhões transportando tropas passaram diante da janela da pensão e o ruído dos motores se extinguiu ao longe, eu pude me levantar, ir para a outra sala e conversar com Harpo e o boliviano. Os dois continuavam rindo e dizendo coisas engraçadas a respeito do golpe militar. Eu me despedi de Harpo e do boliviano e fui para casa. Quando eu voltava para casa subi a rua cercada de prédios e olhei para cima, onde estavam trançados os fios elétricos. Eu continuei caminhando e vi uma parte de um prédio destruída pelo fogo. Um tanque tinha entrado no prédio do Sindicato dos Metalúrgicos abrindo um rombo entre as paredes. Os fios elétricos soltavam faíscas e estalavam. Eu me amedrontei com os estalos e fui para a parte mais baixa da rua e continuei caminhando. Apesar de eu ter passado fazia algum tempo pelo Sindicato dos Metalúrgicos destruído eu ainda me sentia ameaçado pelo tanque que poderia deslizar metralhando pelas ruas. Um carro da polícia parou à minha frente, os dois policiais desceram e perguntaram o que eu estava fazendo na rua àquela hora. Eu respondi que fui levar a minha menina até o apartamento. Eles perguntaram qual o prédio e me revistaram, e depois pediram meus documentos. Os dois policiais entraram novamente no carro e partiram. Eu desci a avenida misturado à multidão, que gritava elevando o punho cerrado para o alto. Os que comandavam a manifestação política caminhavam à frente e excitavam a multidão com os seus gritos de ódio. Eu gritei de ódio e pensei que a multidão se manifestava contra o governo, mas os carros que subiam a avenida em alta velocidade é que eram os objetivos das vaias da multidão. Os líderes que caminhavam à frente da grande massa humana se colocavam na frente dos carros que entravam na avenida. Os líderes se arriscavam colocando-se na frente dos carros, que avançavam em alta velocidade subindo a avenida. A multidão parou bruscamente na encruzilhada de duas avenidas e eu pensei que todos iriam formar um único bloco e impedir o trânsito dos carros nas duas avenidas. Harpo Marx e o gordo falavam exaltados que a situação era grave e que todos os terroristas precisavam estar atentos e unidos. Os terroristas sentaram no chão enquanto o gordo repetia que eles deveriam permanecer calmos e se agrupar em cinco. Depois de algum tempo em que nós permanecemos sentados o gordo falou que nós iríamos abandonar o prédio em grupos de cinco e que aqueles que estivessem armados deveriam colocar suas armas sobre a mesa. Os grupos foram abandonando a sala e eu ouvi um estalo. Um rapaz de óculos e blusão de couro estava com uma pistola na mão e o gordo gritava irritado para ele deixar a arma no canto da sala. Um terrorista dobrou as pernas, colocou as mãos sobre a barriga e disse "Ai!" baixo. Outros dois seguraram o terrorista pelos braços e o levaram para fora. O gordo tentava acalmar os que estavam na sala, e dizia que era um acidente, e que a arma caiu e disparou. A voz do gordo era exaltada e lenta. Quando nós saímos do prédio ouvi o rapaz sendo transportado de maca. Ele gemia de olhos fechados e mantinha a mão sobre o estômago. Eu, Harpo e mais três saímos do prédio e fomos na direção do depósito de bananas. O depósito de bananas estava cercado por uma multidão de operários que praguejavam contra os carros. Os operários cercavam os automóveis que passavam e davam batidas com a palma da mão nas capotas e xingavam aqueles que guiavam. Nós atravessamos a multidão ruidosa de operários e entramos na porta estreita quando uma terrorista dizia de dentro: "Estes podem entrar". Nós entramos e um grande número de terroristas conversava no pátio estreito ao lado de um amplo salão onde existia um rádio ligado e um grande número em torno das poltronas e do rádio. Os operários correram em pânico na direção da estrada de ferro e as bombas de gás lacrimogêneo explodiram no pátio e o pânico e a fumaça encheram o pequeno pátio. Os meus olhos ardiam e eu respirava com dificuldade. Pensei em transpor a janela, mas eu ouvia os estalos de metralhadora fora do prédio, e todos corriam para o fundo. Eu corri para o fundo do pátio, onde existia uma escada estreita, onde estavam aglomerados terroristas, guerrilheiros e operários que tinham invadido o prédio. As bombas de gás lacrimogêneo continuavam a explodir no pátio e eu ouvia o ruído de vidros quebrados. A massa humana espremida na sacada estreita gritava para os que estavam na frente. O grande número de pessoas se movimentava com dificuldade na escada e não era possível nem descer nem subir e todos estavam espremidos uns contra os outros. Depois de algum tempo de indecisão a massa acumulada na escada começou a subir acompanhada pelos vidros que quebravam e a explosão das bombas de gás lacrimogêneo. A massa atingiu o sexto e último andar do prédio e alguns pretendiam subir para o terraço usando uma escada de pedreiro. Eu continuava chorando abundantemente e a minha garganta e narinas ardiam muito. Eu saltei pela janela e fui correndo. Chovia na rua escura e vazia ao lado do parque tomado pelas árvores. Na minha frente um grande número de operários correu para um carro e pôs fogo no carro. Eu corri pelo jardim escuro entre as árvores sem olhar para trás. Eu ouvi ao longe os gritos dos operários e vi o fogo do carro, que era um "brucutu", os operários viram o "brucutu" e puseram fogo. As ruas centrais da cidade estavam escuras e chovia fraco. Eu tentei parar um táxi que passava na avenida iluminada, mas o táxi acelerou a marcha e dobrou a esquina. Eu caminhei até a outra avenida e vi tropas de fuzileiros sendo transportadas em caminhões. Eu atravessei o centro da cidade e as praças estavam cercadas por soldados de fuzis e baionetas. Vários carros policiais estacionaram à frente do Sindicato dos Estivadores e metralharam as janelas, mas não havia ninguém lá dentro, os estivadores tinham abandonado o prédio havia duas horas. O povo corria em pânico, e eu ouvi o repicar de metralhadoras e as bombas explodindo. O povo gritava e todos corriam em pânico para a praia e entravam nos barcos dos pescadores. Os barcos cheios de homens, mulheres e crianças se afastaram da praia, e eu corri para o jardim do hotel. No fundo da avenida surgiram os soldados correndo com os seus capacetes de aço e atirando com os seus fuzis na multidão que corria para a praia. Eu me encolhi deitado junto às folhagens, e vi os soldados irados fuzilando os comunistas que corriam entre as mesinhas do terraço do hotel. Eu corri para a praia fugindo das metralhadoras dos soldados que surgiram na esquina e saltei num barco de pesca. Eu fugi no barco de pesca e quando o barco atingiu o centro da baía o motor parou e eu olhei para o horizonte vendo se outro barco aparecia ao longe. O mar estava plano e o meu barco de madeira flutuava imóvel. A guarda costeira apareceu ao longe e eu fiz sinal com o braço. O barco da guarda costeira se aproximou veloz e parou ao meu lado. Os marinheiros e policiais olhavam de cima sorrindo e eu disse que o motor estava avariado. Os oficiais saltaram para o meu barco e o elogiavam dizendo que era um barco antigo de pescador, e circulavam no meu pequeno barco elogiando a madeira escura que formava a proa, e depois eu subi para o barco de aço da guarda costeira e fui levado para o cais do porto, abandonando o meu barco de pescador no centro da baía. Quando a guarda costeira se aproximava do molhe eu vi o surdo-mudo Harpo Marx à minha espera montado na sua motocicleta. Harpo me saudou buzinando, eu saltei para o molhe e disse que o motor do meu barco estava avariado. Harpo Marx apontou para o assento da motocicleta e eu montei atrás na motocicleta, Harpo abaixou os seus óculos nos enormes olhos arregalados, e a motocicleta arrancou para frente explodindo. A motocicleta subia veloz a estrada e nós atingíamos o cimo do morro e víamos ao longe o rochedo iluminado pelos holofotes. Nós descemos a encosta escura do morro e Harpo Marx atravessou o portão com a motocicleta e caiu com um estrondo espirrando a água do tanque. A motocicleta tinha destruído o portão do jardim devastando as plantas do jardim e saltou sobre o tanque de água. Harpo foi socorrido por mim e pelos moradores da casa antiga. Eu e quatro donas de casa gordas transportamos Harpo sangrando para cima, subindo a escada estreita, e o depositamos inerte na cama. Um grande número de curiosos observava Harpo da porta, e comentavam baixo uns com os outros o acidente. Eu sentei numa cadeira no lado da cama onde respirava com dificuldade Harpo Marx e pedi para as mulheres gordas que procurassem dispersar os vizinhos curiosos. As mulheres gordas falaram com os velhos, crianças e donas de casa que se aglomeravam na porta do quarto e depois fecharam a porta, e eu permaneci cuidando de Harpo. O surdo-mudo suspirou fundo e abriu os olhos, e eu subi as escadas e entrei na ampla sala. Os casais de comunistas estavam sentados nos colchões que formavam longas filas. Todos os casais de comunistas estavam escondidos na casa. Eu percorri a longa fila de colchões onde estavam sentados os casais de comunistas como se estivessem num trem. Todos os colchões estavam ocupados por dois casais, e eu não encontrei nenhum colchão vago. Eu saí da casa antiga com a farda de oficial disfarçado de tenente ao lado de Harpo Marx. Eu procurei me confundir com os militares e quando eu atravessei a rua eu reconheci uma série de antigos companheiros de exército que também tinham colocado as suas fardas de tenente da reserva. Eu caminhava inquieto procurando os cantos das paredes e eu falei para Harpo Marx que eu seria obrigado a voltar para casa e fazer a barba crescida de três dias. Harpo Marx me agarrou pelo pescoço e nós continuamos caminhando nas ruas escuras enquanto eu fazia a barba, retirando um aparelho de gilete do bolso da farda. Eu consegui fazer a barba sem sabão, e no queixo eu não consegui arrancar um tufo de pelos. Eu e Harpo Marx atravessamos a praça invadida por um batalhão de fuzileiros e entramos na fila que dobrava a esquina. Nós dois entramos na fila que dobrava a esquina e seguia junto às paredes da praça e dobrava na outra esquina ao longe. A multidão de homens, mulheres, velhos e crianças acumulada na fila conversava temerosa junto à parede dos prédios, e observava o movimento das tropas na ampla praça. Um pelotão correu para o centro da praça carregando os seus fuzis e nós vimos um círculo de generais discutindo ao longe. O rumor foi transmitido através da fila e uma mulher gorda que estava logo atrás disse que os militares requisitaram os caminhões da companhia de tecidos para o transporte das tropas. O dono da companhia de tecidos era o pai de uma antiga colega de universidade, e eu vi entre os generais o pai da minha colega de universidade discutindo. O movimento dos batalhões de fuzileiros aumentou na praça, e os soldados armados de fuzis e metralhadoras subiram nos caminhões da companhia de tecidos. Novamente o rumor se transmitiu através da longa fila, e um grande número de homens e mulheres abandonou inquieto a fila enquanto a mulher gorda nos informava que os militares tinham prendido o proprietário da companhia de tecidos e tinham tomado os caminhões para o transporte das tropas. Eu e Harpo Marx abandonamos a fila e resolvemos nos refugiar no estádio em construção fora da cidade. Eu e o surdo-mudo de cartola, um cachorro e um coelho subimos o morro rasgado pelos tratores, pisamos a terra removida. Eu subi primeiro experimentando os lugares mais firmes e depois dei a mão para Harpo Marx, e o carro correu veloz para cima e subimos para a arquibancada mais alta do estádio. Nós escalamos os grandes degraus de concreto do estádio em construção e chegamos à arquibancada mais alta, onde estavam alojados os refugiados estudantes, comunistas e operários. Um comunista arrumou a sua cama em cima das tábuas e deitou cobrindo-se com o paletó. Quando nós chegamos à arquibancada mais alta nos sentimos mais aliviados, e eu pensei que ali nós estaríamos seguros alguns dias, mas se o exército nos atacasse as bombas poderiam desmoronar a arquibancada semiconstruída em cima do barranco. Eu olhei para o cão, que se introduzia entre as armações de madeira, e vi que o cão estava coberto de pelos dourados e vermelhos que cresciam naquele instante. O cão se introduziu entre as armações ágil e preciso e saltou entre os grandes degraus de concreto. Eu fui até onde nós nos alojávamos e Harpo buzinou apontando para sua boca aberta, e apontou para o seu coelho. Eu respondi que coelho não bebia água, e que ele deveria encontrar cenoura ou alface. O comunista que descansava deitado coberto com o paletó levantou-se e trouxe algumas folhas de alface que estavam no seu armário e deu para Harpo. Enquanto o coelho comia as folhas de alface cresceu sobre o seu pelo branco a penugem dourada e vermelha que tinha crescido no cão. Eu pensei que poderia ser a altitude da arquibancada do estádio e o vento que soprava no morro que provocavam o nascimento dos pelos dourados e vermelhos. Eu tirei a farda de tenente da reserva e voltei para a cidade. Quando eu deveria retornar para o estádio eu tomei o ônibus dos turistas americanos que percorria a cidade e depois parava atrás do morro a quinhentos metros do estádio. O ônibus dos turistas partiu e depois de vinte minutos o ônibus parou no cais do antigo porto, onde se via o mar, o molhe e um grande número de barcos de pesca. O motorista saiu do volante e explicava para os turistas americanos que olhavam curiosos através do vidro do ônibus que aquele era um porto usado no tempo dos colonizadores e que os turistas poderiam alugar os barcos de pesca e conhecer as ilhas mais afastadas da cidade. Eu olhei para fora e vi os grandes muros de pedra e as poças de água que a maré tinha deixado entre as grandes lajes de pedra. O motorista retornou para o volante e o ônibus seguiu vagaroso mais alguns metros, e o motorista desceu e convidou os turistas americanos para visitarem uma casa colonial. Todos os turistas desceram do ônibus, eu desci e o motorista apontava para a construção antiga e dizia que ali jantavam o governador da província, a sua numerosa família, padres, capitães de caravelas e marinheiros. A grande sala de jantar estava decorada para o Natal e uma árvore de Natal colocada no meio da ampla sala era decorada com lantejoulas, flocos de algodão e lâmpadas coloridas pelos funcionários. Os turistas americanos, seguindo o motorista que servia de guia, entraram numa outra sala da antiga casa colonial e um fotógrafo de publicidade fotografava um homossexual que fingia soprar uma corneta semelhante a um ventilador. Os turistas cercaram o fotógrafo e a máquina e o fotógrafo explicava para o homossexual vestido com uma roupa de plástico cinza colada ao corpo como ele deveria soprar a corneta. O fotógrafo dizia que o homossexual deveria soprar forte a corneta para cima e inclinar a cabeça para trás segurando a pesada e larga corneta com ambas as mãos. O homossexual estava constrangido com o grande número de turistas que assistia à cena enquanto o fotógrafo acendia os spotlights, que projetavam uma luz forte e intensa. O fotógrafo abaixou o braço olhando no interior da câmara fotográfica, e o homossexual elevou a pesada corneta para cima e estufou as bochechas como se estivesse soprando forte. O fotógrafo apagou os spotlights e disse que ainda não estava bom e que ele iria mudar a posição da câmara fotográfica para que o esforço do pescoço e das bochechas ao soprar a corneta aparecesse. O fotógrafo transportou a câmara e o tripé para outra posição, e explicava para o homossexual que ele queria um gesto mais heroico quando o homossexual soprasse a pesada corneta.

O avião realizava piruetas no ar. Era um pequeno avião de 1930 de corpo grosso e hélice na frente. As asas flexíveis vergavam quando o avião subia para o alto. O avião subiu e o ronco do motor se afastou ao longe zunindo, e o avião mergulhou no espaço. O avião se movimentava veloz para os lados e subia verticalmente e escapava para o lado mergulhando em direção à pista. O avião subiu realizando uma curva. Quando o pequeno avião atingiu uma grande altura, o ruído do motor interrompeu e o avião caiu girando. A queda do avião era vertical e o seu corpo e asas se flexionavam para cima. O avião caiu sobre um gigantesco bombardeiro a jato, rolou sobre a asa negra do jato e rodopiou dando várias cambalhotas na pista. Eu vi o piloto do pequeno avião ser lançado para fora da cabina e continuar as cambalhotas dadas pelo avião e depois parar deitado. O piloto, que estava de capuz e malha preta de lã, levantou-se agilmente e falou algumas frases para o mecânico que se encontrava na pista. Eu percebi no rosto do piloto que ele não sentia medo, e que aquelas cambalhotas que ele havia dado no avião já eram habituais a ele, e que ele talvez tivesse recomendado algo ao mecânico sobre o pequeno avião. Eu estava admirado da perícia do piloto e voltei a sentar na cadeira da biblioteca da embaixada norte-americana. Eu olhava a pista de aterrissagem através dos vidros da embaixada norte-americana. Eu comecei a escrever num cartão e eu permaneci longo tempo escrevendo naquele cartão, e depois o funcionário da embaixada me bateu no ombro e apontou para um gordo careca que se aproximava da minha mesa. O funcionário da embaixada disse que aquele gordo careca era o Adido Militar, e que ele estava encarregado dos golpes de estado nos países latino--americanos. Eu pensei que a demonstração de acrobacias aéreas deveria ter sido para o Adido Militar. Eu olhei para o gordo ianque especialista em golpes de estado, que estava acompanhado por uma senhora que eu pensei que poderia ser a sua esposa e um outro velho que deveria ser um alto funcionário da embaixada. Eu olhei para o rosto do Adido Militar e vi a pele vermelha e enrugada descascando na testa. Eu pensei que os velhos deveriam ter a pele muito seca. O gordo Adido Militar passou sendo levado pelo funcionário da embaixada e eu continuei escrevendo no cartão. Depois de algum tempo Harpo Marx me interrompeu buzinando no meu ouvido e arregalando os olhos. Eu me levantei irritado, dei uma bofetada no surdo-mudo e depois apontei o Adido Militar, sua esposa e o alto funcionário da embaixada: "Aquele é o Adido Militar". Eu sentei novamente e permaneci lendo um livro, enquanto Harpo se afastava melancólico, e depois os lustres quadrangulares que pendiam do alto teto acenderam e apagaram três vezes. Era o sinal para os leitores de que a biblioteca iria fechar. Eu continuei lendo enquanto alguns saíam no fundo da sala de leitura pela porta giratória. As luzes acenderam e apagaram duas vezes e depois se mantiveram apagadas. A ampla sala de leitura se mantinha em silêncio imersa numa semiobscuridade interrompida pela luz do final do dia que penetrava através das altas janelas. Eu levantei-me e outros leitores conduziam os seus livros e abandonavam o fundo da sala.

Eu depositei o livro no balcão e continuei acompanhando seis ou sete que se dirigiam para a porta giratória e passavam ao lado das estantes. Eu me introduzi numa das divisões da porta giratória e empurrei leve com a ponta dos dedos. Eu atravessava o vestíbulo um pouco mais frio que a sala de leitura devido ao revestimento de lajes de mármore. Eu atravessei o vestíbulo, as altas portas de vidro, o amplo corredor cercado de pilares e saí da embaixada norte-americana parando no patamar da escadaria. Eu estava fora da embaixada e dava os primeiros passos para descer os degraus. Sobre o prédio um imenso relógio de alumínio marcava seis horas. Eu desci lentamente as escadas e parei alguns instantes em frente da embaixada norte-americana para onde eu deveria ir. O Adido Militar desceu as escadarias da embaixada e passou à minha frente. Eu segui o Adido Militar dos Estados Unidos, que descia a rua à minha frente. Eu continuei seguindo o Adido Militar e pretendia alcançá-lo, mas ele caminhava rápido. Eu continuei tentando alcançá-lo apressando o passo. Eu vi o Adido Militar dobrar a esquina, e eu pensei que iria perdê-lo de vista. Atravessei a rua correndo e chamei o Adido Militar pelo primeiro nome. O gordo Adido Militar voltou-se para trás procurando algum conhecido, porque eu o havia chamado pelo primeiro nome. No momento em que o Adido Militar parou no outro lado da rua, olhando para os lados para ver quem o havia chamado, eu hesitava se deveria ou não falar com ele, e eu não sabia como me dirigir a ele, qual seria a melhor frase, e se ele me receberia bem. Atravessei a rua e me aproximei do Adido Militar, que eu havia chamado pelo primeiro nome; eu me apresentei e logo em seguida o Adido Militar olhou em silêncio para mim e perguntou o que eu desejava. Eu procurei me apressar formando a frase mais objetiva e rápida, mas emiti uma frase hesitante e entrecortada de silêncios. Eu e o Adido Militar conversávamos animadamente e fomos para um restaurante. O Adido Militar explicou para mim diante do enorme prato de macarrão que era o único prato que existia no restaurante. Eu e ele estávamos sentados numa das mesas do restaurante e os empregados se preparavam para fechar. Os empregados retiravam as toalhas das mesas e colocavam as cadeiras sobre as mesas. No fundo do restaurante um empregado jogava um balde de água no chão e esfregava com uma escova. O dono do restaurante se mantinha à frente da caixa registradora observando o trabalho de seus empregados e os últimos ocupantes das mesas e do balcão que conversavam ao lado dos copos de chope. O Adido Militar cortou transversalmente com a faca o imenso prato de macarrão, onde estavam misturados o molho de tomate e o queijo ralado, e explicou novamente para mim que era o único prato existente no restaurante naquele final de noite. Acrescentava ele que o restaurante estava fechando e os cozinheiros se recusaram a preparar um prato para ele; a única coisa que restava era aquele prato de macarrão. Depois eu e o gordo ianque saímos do restaurante e eu observava a saída de homens e mulheres de um baile de carnaval. Todos estavam cansados e caminhavam lentamente. O rosto dos homens e das mulheres de fantasia ou de calça comprida e blusa solta no corpo estava brilhando de suor. Eu vi uma menina de cerca de doze anos e eu procurei olhar fixamente para ela esperando ser correspondido no meu olhar. Quando ela passou diante do bar misturada aos homens e mulheres que saíam do baile de carnaval eu percebi que a menina de doze anos arrastava uma perna com um aparelho. Eu pensei comigo que ela deveria ter tido paralisia infantil quando era criança. O Adido Militar interrompeu a minha divagação me convidando alegremente para eu tomar um uísque na embaixada. Eu e o gordo ianque entramos num táxi e voltamos para a embaixada. Entramos no vestíbulo iluminado e o policial norte-americano bateu continência e nós entramos no elevador e subimos. Eu e o Adido Militar, que falava de Cassius Clay, o campeão mundial de boxe, entramos no corredor iluminado. O Adido Militar entrou no escritório, acendeu a luz e disse: "Entre". Eu entrei, tranquei a porta e apaguei a luz. Quando eu olhei para o Adido Militar no escuro o Adido Militar permaneceu imóvel e eu mantinha os olhos abertos procurando ver. O gordo ianque estava com medo e se encolhia imóvel junto à parede, mas eu consegui ver o seu pé se arrastando lentamente sem fazer ruído no escuro do escritório. Eu apertei na mão a automática para atirar e ergui o corpo, mas eu tropecei no fio e fez um enorme barulho a poltrona se arrastando. O Adido Militar estava de costas imóvel e de braços abertos e pregado à parede aterrorizado pelo barulho que eu tinha feito. Eu atirei no gordo Adido Militar e vi a bala penetrando lentamente em sua barriga e o gordo ianque tombou no chão se contraindo de dor. Eu comecei a sentir medo e os meus dedos tremiam prendendo a pistola automática. Eu armei a pistola puxando para trás a peça e a peça prendeu no meio do caminho. Eu tentava armar a pistola, mas não conseguia armar. Eu cheguei ao corredor e fugi em pânico. Eu saí para a rua, olhei para os lados e a embaixada americana estava situada no meio de um campo. Eu procurei em torno da embaixada um carro para fugir, mas não encontrei. No fundo do campo, pisando no mato, avançava um batalhão de soldados numa formação de marcha para o combate. Eu avistei os soldados caminhando em silêncio e isolados um do outro. Eu reconheci um meu amigo com quem eu tinha feito exército. Eu me aproximei sorrindo procurando esconder o meu pânico, e perguntei como ele estava. O meu amigo respondeu que ele estava bem, e o ordenado dos militares havia sido aumentado depois do golpe de estado. Eu perguntei se ele pretendia continuar no exército e ele respondeu que pretendia permanecer três anos no exército. Eu segurei o meu amigo pelo ombro e procurei conduzi-lo para longe da embaixada norte-americana. Eu segui ao lado de meu amigo segurando-o pelo ombro, procurando me esconder dos outros. Eu hesitei se deveria seguir uma rua cercada de casas que subia o morro ou se deveria entrar pela rua plana. Eu me decidi pela rua plana em que eu poderia me esconder. Eu suava na fronte, o sol era forte, e eu procurava conversar tranquilamente com meu amigo e não demonstrar para ele a minha inquietação. Continuamos caminhando num passo tranquilo quando passou um jipe ao nosso lado transportando três oficiais. Eu procurei manter a calma e o jipe parou na esquina. Eu continuei segurando o ombro do meu amigo e pretendia passar despercebido dos oficiais me escondendo atrás do corpo do meu amigo. Eu transpunha a esquina onde estava estacionado o jipe e os oficiais sentados no seu interior conversavam entre si olhando para a rua. Eu pretendia transpor a esquina e continuava mantendo uma conversação amigável com o meu antigo companheiro de exército. Eu me despedi do meu amigo e tomei um ônibus para o subúrbio. Eu saltei do ônibus e fugi em pânico através da plantação de algodão e vi ao longe o trator se movimentando. Os dez camponeses que cercavam o trator fizeram sinal com os braços e eu continuei correndo. Eu parei numa das vias da estrada de asfalto, e fiz sinal para um conversível que passava veloz. A mulher de óculos escuros riu e acenou para mim comentando alguma coisa com o homem que guiava. O conversível sumiu na curva e eu vi um caminhão de transporte de carros se aproximando lentamente. Eu fiz sinal e o caminhão parou. Os dois jovens riam de cima da cabina, um deles desceu do caminhão e disse que eu poderia viajar no interior de um dos carros que estavam sendo transportados. O jovem gordo me segurou pela cintura e me elevou facilmente para junto do Ford. Eu abri a porta do Ford e entrei sentando no banco macio. O jovem gordo voltou para a cabina do caminhão enquanto eu olhava para os outros automóveis suspensos e presos nas armações de ferro. O gigantesco caminhão começou a se movimentar arrastando a enorme carroçaria onde estavam os carros e eu dormi. Quando eu acordei o caminhão atravessava a cidade. Eu toquei a buzina do Ford e o jovem gordo olhou para trás e falou algo com o rapaz que guiava. Instantes depois o imenso caminhão parava na esquina e eu abria a porta do Ford. A carroçaria era muito alta e eu não me atrevia a saltar. O jovem gordo apareceu saltando da cabina e me retirou sorrindo da carroçaria. Eu atravessei a avenida e procurava caminhar tranquilo nas ruas da cidade quando um policial que passava do outro lado da avenida olhou para mim. Eu continuei descendo a rua e quando eu cruzava a esquina eu esbarrei num outro policial forte e baixo. O policial olhou com ódio para mim e eu continuei caminhando. Depois de ter transposto a outra esquina eu me sentia inquieto, e pensava em tomar um táxi e fugir longe do centro da cidade ou tomar um ônibus para o interior do estado. Eu permaneci hesitando se deveria tomar um táxi e se o meu dinheiro era suficiente para tomar um táxi. Eu parei na frente do bar e fiz sinal para um táxi que passava rápido na avenida. O táxi parou bruscamente e eu corri na direção do táxi, abri a porta, e entrei sentando no fundo do banco. O chofer do táxi girou a cabeça para trás e perguntou: "Para onde?" Eu dei o nome de uma rua afastada do centro e o táxi seguiu pela avenida. Eu abandonei o táxi, e me misturei a uma pequena multidão de turistas que entrava no elevador. Eu e a pequena multidão de turistas saímos do elevador e entramos na cabeça do imenso Cristo de concreto situado no topo do morro de pedra. A maioria dos turistas trajava roupas coloridas, chapéus de palha e levava máquinas fotográficas e binóculos. No bojo da cabeça do Cristo de concreto ecoavam as vozes das mulheres americanas queimadas pelo sol. O imenso Cristo de concreto situado no topo da montanha de pedra era a maior atração turística da cidade e os turistas norte-americanos e franceses estavam excitados e conversavam animadamente entre si. O guia saiu do elevador e se aproximou de um dos olhos do Cristo, que era semelhante a uma janela circular protegida por uma grade de ferro. O guia explicava em francês e em inglês as dimensões da estátua de concreto, a altura e a distância entre uma e outra ponta dos braços abertos. O guia finalizou a explicação dizendo a data de construção da gigantesca estátua de concreto, e o preço em dólares da construção. O guia sorriu para os turistas e disse que eles poderiam se aproximar do olho do Cristo para observar a cidade ao longe. Um murmúrio de excitação percorreu os turistas e todos eles se aproximaram arrastando os pés num só bloco da abertura formada pelo olho do Cristo. Eu fui levado pela pequena multidão para a janela circular a olhei para fora. No fundo eu via o mar encerrado na grande baía, as faixas de praia percorrendo o mar e os prédios como pequenas caixas de fósforo formando fileiras cortadas pelas ruas, e os morros arredondados surgiam entre os prédios ao longe. Os turistas emitiram "Ah!..." de contentamento e colocaram os seus binóculos para observar a grande paisagem da cidade que se abria através do olho circular do Cristo de concreto. Eu olhei para a esquerda da janela circular e vi o enorme braço rígido de concreto estendido para fora e um operário preso a um cabo de aço polindo a superfície de concreto. O operário estava suspenso no ar preso por um cabo de aço e esfregava uma escova de aço na superfície de concreto do enorme braço aberto. Eu desci de elevador e saí do gigantesco Cristo de concreto, atravessei a rua, e resolvi me esconder em casa. Eu suava muito e a força da gravidade tinha aumentado e me puxava para baixo e eu era obrigado a dar passos largos e lentos para não cair. Eu desci a rua sob o sol forte e brilhante e estendi as pernas dando passos largos e lentos. Eu suava ofegante e o calor era muito intenso e a força da gravidade, que tinha aumentado, me puxava para baixo. Eu parei defronte do portão da minha casa e subi o degrau me agarrando ao muro, e me esforçando para suportar o meu próprio peso. Eu estava salvo, entrei em casa, acendi a luz do quarto e sentei extenuado na cadeira diante da mesa. Eu respirei fundo alguns instantes tentando recuperar o fôlego, e ouvi um barulho no quintal da casa e saí. Um grande número de macacos corria no quintal pulando e subindo nas árvores, no telhado, no terraço, e todos os macacos desenhavam caretas nas paredes. Eu gritei irritado com os macacos e corri perseguindo um deles, quando apareceu um senhor redondo e gordo de calças curtas dizendo que ele era o chefe dos macacos. Eu falei irritado com o imenso gordo de calças curtas e boné, e disse que os macacos estavam desenhando nas paredes. O imenso gordo de calças curtas puxou um apito do bolso e apitou. Os macacos saltaram dos telhados e das árvores e eu vi as caretas desenhadas nas paredes. Eu interrompi o gordo de calças curtas, que repreendia os macacos, e disse que estavam ótimos os desenhos, e que a careta desenhada na porta ficava muito bem, e que ele comandasse os macacos para que continuassem a desenhar nas paredes, portas e janelas. Eu saí na rua acompanhado de um dos macacos e um indigente bêbado se colocou na minha frente. O bêbado pretendia conversar comigo e com o macaco e eu procurava atravessar para o outro lado da rua. O indigente continuava insistindo, e nós dois estávamos irritados e deprimidos com a conversa do bêbado. Eu e o macaco paramos à frente de uma barbearia, e eu entrei na barbearia para escapar da conversa insistente do bêbado, que procurava convencer o macaco, que o ouvia atentamente, de alguma coisa a respeito da política internacional. Eu atravessei irritado a barbearia iluminada, onde os barbeiros massageavam o rosto dos homens reclinados nas cadeiras cobertos pelo avental branco, e me escondi na casa da minha antiga amante divorciada. As paredes internas da casa tinham sido pintadas recentemente, e os móveis estavam na garagem. A mãe da minha ex-amante divorciada me cumprimentou gentilmente, e explicava para mim as despesas que ela teve com a pintura das paredes. Ela dizia a respeito do preço e depois entrou a minha ex-amante, e acrescentou algumas explicações à explicação da mãe, dizendo que a tinta respingava da parede e manchava o assoalho e que era difícil tirar, e que ela teve muito trabalho raspando as manchas do assoalho. Naquele instante entrou o macaco, e eu olhei para ele como que dizendo irritado que ele deveria permanecer afastado em silêncio; e o macaco obedeceu ao meu olhar agressivo permanecendo de longe ouvindo atentamente a explicação da minha ex-amante sobre a pintura das paredes. Ela explicava apontando para o canto da parede que o operário tinha coberto o chão com jornais, mas assim mesmo a tinta respingou no assoalho. O agente do DOPS subiu a escada seguido dos policiais, que levavam as metralhadoras apontadas para cima. Eu fugi e saí correndo entre os prédios suspensos pelas colunas. Eu corri através do prédio e me introduzi num deles pensando que poderia atravessar para a outra rua, mas as paredes estavam fechadas, e eu pensei que eles tinham fechado a saída para a outra rua, e eu pensei em perguntar para alguém se não existia uma saída, e eu via à minha frente a parede úmida de concreto. Eu permaneci observando os dois agentes do Departamento de Ordem Política a Social através da porta e vi um deles e o outro que estava encoberto pelo corpo do primeiro. O primeiro agente do DOPS tinha o rosto vermelho e magro, olhos azuis e a pele parecia ter um eczema. O pescoço do agente do DOPS que eu conseguia ver era artificial e feito de plástico transparente e luminoso. Eu via o tubo de plástico luminoso que formava a laringe e o agente do DOPS sorrindo maliciosamente para o major encarregado do IPM. Os dois agentes, o do pescoço artificial de plástico e o outro que eu não conseguia ver porque estava encoberto pelo corpo do primeiro, fizeram um sinal com a cabeça como se quisessem demonstrar para o major do Inquérito Policial-Militar que era fácil me encontrar e que eles aceitavam o prêmio em dinheiro. Eu pensei que eu poderia me defender do agente do DOPS de pescoço artificial de plástico dando um soco no pescoço artificial, e eu poderia deslocar a cabeça do corpo. O macaco saltava veloz os muros e me chamou com o braço. Eu corri para a garagem do prédio e segui fugindo o macaco que saltava veloz os degraus da escada estreita. O macaco saiu caminhando tranquilo na rua e eu procurei segui-lo escondendo o meu pânico. Eu e o macaco meu amigo tomamos um táxi, fomos para a estação rodoviária e tomamos um ônibus para o sul. O ônibus deslizava na estrada de concreto, e eu e o macaco meu amigo viajávamos no ônibus. O ônibus parou e uma menina de sete anos, vestida de uniforme de escola, veio sentar ao meu lado. O macaco meu amigo, que estava sentado atrás, puxou o meu paletó e apontou para a menina de sete anos. Eu olhei para a menina e ela ria para mim saltando na poltrona. Eu sorri para ela e ela passou a esfregar o cotovelo no meu sexo. Eu fiquei excitado e o meu membro começou a enrijecer dentro da calça. A menina de sete anos riu novamente para mim saltando na poltrona, e depois segurou com as duas mãos minúsculas o meu membro rijo, que apontava a calça. Eu estava excitado e ria para a menina de sete anos, e ela ria para mim segurando o meu membro rijo e movimentando-o para frente e para trás como se fosse a alavanca de câmbio de um caminhão. Eu estava excitado, mas ao mesmo tempo inquieto porque os outros passageiros do ônibus poderiam me ver brincando sexualmente com a menina. O dia estava claro e ônibus deslizava na estrada de concreto. Eu procurei dizer para a menina que ela esperasse o dia escurecer, e que depois que o ônibus estivesse escuro nós poderíamos brincar. A menina continuava rindo e segurando a cabeça do meu membro rijo com ambas as mãos, e movimentando meu membro rijo para frente e para trás como se fosse uma alavanca. Eu e o macaco meu amigo descemos do ônibus na frente de um posto de gasolina e tomamos um táxi. Depois de o táxi ter percorrido setenta quilômetros de estrada nós descemos. Eu olhei para o lugar em que nós estávamos: a estrada de concreto seguia através das plantações de cana-de-açúcar. Eu disse para o macaco, que estava um pouco atrás, que nós deveríamos ter descido dois ou três quilômetros adiante. O táxi já havia ido embora e naquela estrada não existia movimento de carros, e o melhor seria ir caminhando para frente. Eu fui andando para frente e o macaco seguia atrás arrastando a mala. Depois de eu ter percorrido uns quinhentos metros eu olhei para trás e percebi que o macaco meu amigo estava fatigado, e caminhava lentamente arrastando a mala. Eu pensei que a mala deveria estar pesada, e caminhar ao longo da estrada no sol não era fácil. Eu e o macaco entramos no amplo bar, que possuía uma cúpula branca como teto, e nos aproximamos do balcão. O balcão do bar ficava no fundo e existia uma grande área debaixo da cúpula branca onde não havia mesas, somente ao lado do balcão existiam duas mesas onde tomavam sorvete duas famílias: o pai, a mãe, duas filhas e três filhos. Quando eu me aproximava do balcão o rapaz apontou para a porta do bar, que estava situada na parede curva que sustentava a cúpula branca, e disse que primeiro eu deveria entrar na fila. Eu olhei para a porta do bar, que era semelhante a um fórum romano, e vi uma série de famílias formando uma fila. Eu chamei o macaco e me afastei do balcão e fui para perto das máquinas de sorvete. Ali existia uma outra fila de homens, mulheres e crianças, e os empregados de uniforme branco e gorro branco sobre a cabeça serviam rapidamente os sorvetes para os que apresentavam uma ficha. A massa branca de sorvete caía de um tubo saindo da máquina de aço e se despejava nos copinhos de papel colocados na boca do tubo pelos empregados de uniforme branco. Eu permaneci observando a rapidez e precisão com que os empregados trabalhavam, e depois senti vontade de tomar um sorvete de baunilha com cobertura de morango. Eu perguntei para o macaco, que estava ao meu lado, se ele também não estava com vontade de tomar um sorvete; eu terminei a frase apontando para um dos empregados de uniforme branco que colocava a cobertura de morango sobre um dos sorvetes. Eu disse para o macaco que ele poderia escolher a cobertura: abacaxi, morango, ameixa ou chocolate. Naquele instante entrou no bar o baixinho do DOPS e apontou o revólver para mim. Eu saquei o revólver e apertei o gatilho. Eu apertei o gatilho e atirei várias vezes. Os tiros saíram explodindo do revólver 45 que eu levava na mão e atingiram o baixinho de terno. Eu vi as balas atravessando o baixinho do Departamento de Ordem Política e Social e eu vi os quatro furos de uma polegada na barriga do baixinho. Eu conseguia ver a parede através dos quatro furos e depois eu olhei o rosto em pânico do baixinho magro. As famílias correram e eu corri para o outro lado e ouvi tiros e parei. Eu sentia um furo no estômago, e depois eu senti o sangue quente escorrer do furo e manchar a camisa de vermelho. Eu caí no chão e várias famílias que tomavam sorvete me rodearam. Eu coloquei a mão na barriga e senti uma dor interna. Eu disse para o macaco meu amigo, que estava ajoelhado, que ele deveria chamar o médico imediatamente para me operar. Eu disse que eu tinha medo de sofrer uma hemorragia interna, e que eu tinha visto no golpe militar um amigo meu ser baleado no estômago e esse amigo morreu de hemorragia interna. Os policiais me carregaram entre as famílias que tomavam sorvete e me jogaram na cela pequena e escura. Um sargento aproximou-se levando um garfo na mão. O sargento tinha sido contratado para me castrar, e eu estava ali naquela cela minúscula preso entre as paredes. O sargento que levava o garfo se aproximou sonolento da porta da cela, e eu percebi que ele iria me castrar. Eu tentei gritar, mas a minha língua obstruía a boca. A minha língua ocupava a boca, e fechava a garganta. Eu continuava tentando gritar, mas a língua obstruía o grito. Eu fui para o hospital retirar a bala do estômago. O médico fez com que eu bebesse um líquido amarelo dissolvido na água e eu deitei na cama. Senti o estômago girar e aquela bebida me deixou semi-inconsciente. A enfermeira veio e fez com que eu sentasse na cadeira de rodas. Eu fui conduzido através dos corredores e entrei numa saleta. O médico falava com voz alta e demostrando bom humor. O bom humor do médico me assustou, mas ele colocou um ferro entre os meus dentes e eu não conseguia fechar a boca. O médico iniciou a operação falando alto e com bom humor. Eu sentia os ferros entrarem no estômago e depois fui conduzido para a cela pela enfermeira na cadeira de rodas e a minha cabeça pendia sobre o peito. Eu deitei na cama e acordei durante a noite vomitando sangue. O lençol com uma mancha circular de sangue. E eu sentia a língua preenchendo a boca e não conseguia gritar. O sangue e a língua preenchiam a minha boca. Eu fui carregado por dois policiais, eles subiram uma escada espiral e me depositaram a meio metro da torre que caía para baixo. Do fundo da imensa fábrica saíam os vapores das fornalhas e as grandes escavadeiras giravam perfurando o solo. Quando eu acordei eu estava a meio metro do parapeito que caía novecentos metros na direção das grandes máquinas e dos computadores eletrônicos. Os policiais tinham nos colocado ali, e eu permaneci deitado com medo de que um dos guardas me empurrasse para eu cair novecentos metros para baixo sobre as máquinas. Eu permaneci algum tempo deitado ouvindo o ruído das perfuratrizes que giravam novecentos metros abaixo e os sinais dos computadores eletrônicos. Eu pensei em me levantar e depois permaneci quieto pensando que eu poderia despencar lá embaixo nas máquinas. Eu me levantei e os outros terroristas estavam desacordados no parapeito. Eu caminhei no parapeito transpondo o corpo dos terroristas, e depois desci rápido a escada de ferro que girava em espiral. Quando eu circundava o grande depósito de aço eu ouvi um estampido nas minhas costas, voltei para trás e vi descer do bonde suspenso um policial de cassetete correndo para mim. Quando o policial me atacou eu dei com o machado no seu rosto. Eu continuei batendo com o machado no rosto de couro do policial e eu não conseguia abrir a sua pele, que era de couro muito resistente, e eu não conseguia abrir fendas com o meu machado no ombro e no rosto do policial, e não via escorrer sangue. Eu batia com força o meu machado no rosto de couro resistente, e ouvia o baque surdo da lâmina do machado batendo e o policial me atacando feroz com o seu cassetete. Eu caí desacordado e o policial de pele de couro me transportou para o hospício. Eu, os comunistas e os loucos nos mantínhamos em silêncio sentados no pátio do hospício e armados de facas de prata que serviam para abrir livros. Eu e os loucos estávamos de frente para o rio que passava ao lado do hospício e corria veloz e inclinado transportando caixotes, galhos, animais mortos, latas, garrafas, troncos. Os fuzileiros entraram na avenida na frente do hospício marchando, três pelotões a pé e outros três a cavalo, entraram no pátio do hospício e cercaram os loucos, que se mantinham imóveis observando em silêncio. Eu, os comunistas e os loucos estávamos cercados nos quatro lados pelos fuzileiros armados de lanças, e sobre os cavalos. Eu pensei que o diretor do hospício deveria ter avisado os fuzileiros de uma possível revolta dos loucos. As quatro frentes de fuzileiros que nos cercavam avançaram marchando numa formação rígida, avançaram com os cavalos e lanças e dispersaram os loucos, que fugiram em pânico. No pânico e confusão da fuga eu perdi a minha faca da prata de abrir livros e as moedas. Eu remexia a grama do pátio pisada pelos cavalos para ver se encontrava algumas moedas e uma faca de prata. Eu encontrei uma faca de prata e algumas moedas e pensei que eu deveria escondê-las e depois tentar assassinar o diretor do hospício. Eu desci a escada enquanto ouvia no pátio uma grande algazarra dos loucos, que pareciam estar em festa. Eu desci a escada que levava ao porão do hospício e escondi, debaixo da cerâmica solta do piso, a faca de prata de cortar livros e as moedas. A faca de prata serviria para atacar o diretor do hospício e as moedas para a fuga. Eu subi novamente a escada e fui para o pátio. Os comunistas e os loucos comiam fatias enormes de melancia vermelha e saudavam alegremente o diretor. As enormes fatias de melancia vermelha eram servidas em bandejas, e os comunistas e loucos saudavam o diretor, que se encontrava num pequeno palanque rindo e saudando com o braço os presos. No fundo do pátio um caminhão descarregava uma grande quantidade de caixas de figos. Eu me senti alegre e me reuni aos outros comunistas e loucos, e esperava que servissem os figos. Eu ria entre os comunistas e saudava o diretor, que nos saudava de cima do palanque. Eu comi os figos e aguardei alguns instantes no escuro e atravessei o portão do hospício. Quando eu me encontrava fora dos muros eu ouvi soar o alarma anunciando que um louco havia fugido. Era noite e eu via os carros e caminhões deslizando na avenida com os faróis brilhando. Eu vi uma série de policiais de motocicleta e carros volteando os muros do hospício. Eu corri entre os carros e permaneci no centro da avenida; um enorme caminhão avançava roncando e de faróis acesos. Eu me afastei para trás, o caminhão passou a meio metro e eu atravessei correndo a avenida. Quando eu cheguei ao outro lado da avenida ainda havia motocicletas e carros policiais percorrendo de faróis acesos as imediações do hospício. Os carros policiais tocavam a sirena estridente e a luz vermelha da capota dos carros piscava. Eu continuei caminhando como se nada tivesse acontecido, e depois eu olhei para a minha roupa e verifiquei que eu estava com uma capa igual à dos policiais, e que não corria perigo e que eu estava disfarçado de policial. Eu continuei caminhando tranquilamente ao lado dos carros de faróis iluminados que percorriam a avenida. Eu me dirigia para outra avenida que cercava a pequena baía e formava uma corrente de pontos luminosos em torno da pequena baía.

Eu entrei na larga estrada coberta de lama e marcada pelas rodas dos caminhões, e o terrorista venezuelano sem a mão esquerda caminhou à frente. Eu chamei por ele e disse que aquele caminho era mais perigoso e apontei ao longe, no vale cercado pelas montanhas rochosas e escuras, o lago no centro da cratera de penhascos. Os penhascos escuros que cercavam o lago se distribuíam uns sobre os outros formando dobras de rochas. O venezuelano que tinha perdido a mão esquerda hesitou alguns instantes olhando ao longe o vale e a cratera de penhascos escuros cercando o lago e voltou para trás me seguindo. Eu e ele caminhamos mergulhando o pé na lama que cobria a larga estrada sobre a montanha, e as nuvens cinzentas se aproximavam umas das outras e rebentavam faixas de raios ao longe. As primeiras gotas de chuva batiam na minha testa, e eu pensava que eu poderia ser atingido por um raio, e que a larga estrada e a montanha eram descampadas e, se caísse um raio, eu caminhando na vertical atrairia o raio sobre mim. Eu pensei em deitar na lama para não atrair o raio e esperar a chuva parar de cair, mas a lama cobria a larga estrada e eu iria me sujar e chegar molhado ao povoado. Eu e o terrorista venezuelano que tinha perdido a mão esquerda percorremos a estrada e chegamos ao povoado, onde nos esperava o anão de terno e gravata e enormes sapatos virados para trás. O anão de terno e gravata e enormes sapatos virados para trás nos recebeu gentilmente, e em seguida chegaram os seus amigos para ver o seu depósito de dinamite. Nós nos aproximamos das bananas de dinamite e nós elogiamos o anão. Todos nós não achávamos bom que o anão de terno e pés virados para trás participasse do movimento terrorista, mas elogiávamos o seu esforço e nós éramos amigos do anão de terno e gravata e elogiávamos o seu depósito de dinamite. Eu e o venezuelano sem a mão esquerda enfiamos cinco bananas de dinamite nos bolsos, nos despedimos do anão de terno e pés virados para trás e fomos encontrar no vale, onde o lago horizontal se depositava, os outros guerrilheiros. Nós olhamos para as montanhas nuas e redondas, e eu falei para os outros guerrilheiros que nós deveríamos subir ao ponto mais alto da montanha e procurar o caminho de volta ou alguma cidade ao longe. Nós descemos a rua, atravessamos os trilhos do trem e paramos na esquina do vilarejo, onde passavam sete ou oito mulas. Eu puxei as mulas junto à parede e pretendia prendê-las às argolas de ferro presas à parede. Eu voltei para a casinhola de madeira onde estava o funcionário encarregado de fechar as porteiras da passagem do trem, e eu perguntei a ele como eu e os camponeses que me acompanhavam poderíamos voltar para a cidade. O funcionário da estrada de ferro respondeu de dentro da cabina que existia um trem para a cidade. Eu e os guerrilheiros sentamos nos trilhos do trem e esperamos a locomotiva aparecer ao longe entre os morros. A locomotiva se aproximou expelindo fumaça e bufando, e nós saltamos para os vagões abertos onde um grande número de índios bolivianos se amontoava uns sobre os outros. Eu atravessei a plataforma do trem de carga onde índios bolivianos estavam amontoados uns ao lado dos outros. Os vagões do trem de carga não possuíam cobertura e eram abertos. Os índios se acumulavam no centro da plataforma dos vagões para não correr perigo de serem jogados para fora do trem numa curva. O trem de carga rodava lentamente sobre os trilhos atravessando os morros cobertos por uma vegetação verde e espessa. Eu percorri os vagões pedindo licença para passar entre os índios e caminhando com cuidado, e mantendo passos largos para me equilibrar. Os índios abriam passagem inclinando o corpo para o lado e eu passava. Quando eu atingi o final do vagão, eu interrompi a marcha por alguns instantes e fiquei observando os quatro discos de ferro batendo um contra o outro. Os discos de ferro serviam para evitar as batidas bruscas de um vagão contra o outro, e possuíam um molejo interno aos dois cilindros de ferro onde se fixavam os dois discos. Eu saltei para o outro vagão e continuei atravessando entre os índios bolivianos. No centro deste vagão existia uma pequena cobertura onde estava sentado o chefe do trem. O chefe do trem estava sentado diante da mesa, protegido pela casinhola e com o queixo descansando sobre a mão e de cotovelos apoiados sobre a mesa. Eu pensei que o chefe do trem deveria estar fatigado com a viagem. Neste instante apareceu Gary Cooper, o ator norte-americano, sobrevoando acima da minha cabeça vestido de cowboy. Gary Cooper sobrevoava em torno de uma torre e se encontrava a uma altura de duzentos metros. A multidão de índios bolivianos apontava para o cowboy Gary Cooper dizendo que eles precisavam derrubá-lo. Gary Cooper subia e descia verticalmente, mantendo o corpo horizontal e os braços colados ao corpo, subia e descia verticalmente no espaço. Eu vi Gary Cooper subir a uma altura de quinhentos metros e depois descer verticalmente a uma altura de dez metros. A esta altura eu conseguia ver o rosto de Gary Cooper vestido de cowboy, os detalhes do rosto, a boca, os olhos, a face bem barbeada. Eu tirei o revólver e apontei para Gary Cooper sobrevoando o trem boliviano e atirei. Gary Cooper desabou do alto e explodiu de encontro ao solo. Os índios bolivianos festejaram a minha vitória e dançaram nos vagões e comeram biscoitos em forma de tartaruga. A multidão de índios bolivianos cercou o enorme forno branco arredondado de onde saíram os enormes biscoitos de um palmo de comprimento semelhantes a tartarugas. Eu me introduzi entre os índios bolivianos que me abraçavam e apanhei, na ampla mesa, três biscoitos do monte de biscoitos em forma de tartaruga. Depois de ter comido dois biscoitos eu senti o estômago estufado e não conseguia comer o terceiro biscoito. A massa do biscoito semelhante a uma tartaruga era muito pesada e úmida, e eu pensei que os biscoitos deveriam ser de polvilho, mas o meu estômago estava estufado com a massa do biscoito e eu não conseguia comer o terceiro biscoito. Eu guardei o terceiro biscoito em forma de tartaruga no bolso e fiz um sinal para os meus amigos guerrilheiros encolhidos no canto do vagão. O trem seguia ao lado da estrada de rodagem e eu saltei para fora do trem rolando entre os arbustos. Eu me levantei batendo o pó das calças, e acenei para os índios bolivianos que se afastavam levados pelos vagões do trem. Os índios bolivianos me saudavam rindo e dando adeus com os seus chapéus. Os outros guerrilheiros saltaram do trem e nós entramos no mato e nos agachamos. Ao longe surgiu o ruído do motor de um caminhão e eu e o terrorista venezuelano corremos para a estrada. O caminhão avançava pesado e lento na estrada e nós fizemos um sinal pedindo carona. O caminhão diminuiu a marcha e parou cem metros à frente. Nós dois corremos e quando o chofer desceu nós o empurramos para o mato a socos e pontapés. Eu e o venezuelano terrorista empurramos o chofer do caminhão para trás dizendo que ele não poderia voltar, que nós iríamos dinamitar a ponte. Eu e o outro terrorista retínhamos o chofer de caminhão na estrada. Nós empurrávamos o chofer de caminhão para trás dizendo que nós iríamos dinamitar a ponte. Eu perguntei para o terrorista venezuelano se o caminhão que deveria passar dentro de alguns minutos não estaria atrasado. Enquanto eu olhava para a estrada de concreto que se introduzia entre os morros redondos e se ligava à ponte sobre o rio, o terrorista venezuelano falava que estava tudo calculado e que o caminhão deveria aparecer na curva dentro de alguns instantes. Eu pensava que o Harpo Marx deveria estar participando da explosão da ponte, e que eu não confiava na sua responsabilidade e não sabia qual era a função que o surdo-mudo ocupava na organização terrorista. Eu ouvi umas gargalhadas e dois guerrilheiros venezuelanos desciam a encosta do morro seguidos por uma escolta de soldados americanos. Os soldados negros desciam alegremente a encosta do morro e conduziam aos empurrões os dois guerrilheiros venezuelanos com as mãos amarradas nas costas. O pelotão parou junto a um depósito abandonado, e os soldados negros sentaram no chão e colocaram os seus fuzis e metralhadoras de lado. Enquanto os cinquenta e três soldados americanos descansavam na sombra projetada pelo depósito, dois deles conduziram os guerrilheiros para o interior do depósito e os colocaram de frente para as paredes. Os dois soldados negros apontaram com os fuzis para as costas dos dois guerrilheiros venezuelanos e dispararam. Eu ouvi o estampido seco, e vi a contração das costas dos dois guerrilheiros recebendo o impacto do tiro. Os dois guerrilheiros, que estavam com o rosto colado na parede, se voltaram para os dois soldados negros gemendo e contorcendo-se de dor, e o primeiro deles caiu no solo, e o outro curvado e gemendo se esforçava para falar alguma coisa. Eu via o rosto jovem dos dois venezuelanos e o rosto do que balbuciava em espanhol algumas palavras. Os dois soldados riram, e um deles retirou uma caneta do bolso e entregou para o guerrilheiro contorcendo-se de dor, e depois jogou para cima um monte de cartões. Eu pensei que o venezuelano pretendia escrever alguma coisa nos cartões. Os dois soldados negros riam mostrando os dentes brancos, e arregalavam os olhos dizendo um para o outro piadas a respeito do fuzilamento dos dois guerrilheiros. Neste instante Harpo Marx surgiu buzinando entre os arbustos trazendo dois serrotes. Eu agarrei um dos serrotes e avancei contra os dois soldados negros que riam. Eu bati sem força com o serrote no fuzil do negro americano e o negro continuou rindo e defendendo-se dos meus golpes com o fuzil. Depois o negro abaixou o fuzil e deixou que eu batesse no seu ombro com o serrote. Eu continuava batendo sem força com o serrote no ombro do soldado, e depois bati com o serrote no seu pescoço e esguichou sangue para longe. Eu avancei para o outro soldado negro com o serrote levantado, e o americano falava em inglês e ria. Eu bati fraco no seu ombro com o serrote, mas depois parei com o serrote no pescoço do negro. O enorme negro arregalou os olhos e riu mostrando os dentes. Neste instante fiz o movimento com a mão e o negro de olhos arregalados percebeu que eu estava serrando o seu pescoço, e a cabeça do soldado negro caiu para um lado e o corpo para o outro. Depois invadiram o depósito abandonado os cinquenta e três soldados americanos que descansavam, e eu me bati com todos eles decepando as cabeças com o meu serrote, e serrando a cabeça dos negros que lutavam contra mim com espanto e medo. Depois eu coloquei as cinquenta e cinco cabeças dos negros de olhos arregalados mostrando os dentes, coloquei umas sobre as outras na parede do depósito abandonado e o surdo-mudo tirou uma fotografia colorida das cinquenta e cinco cabeças empilhadas. Na fotografia colorida tirada por Harpo apareciam as cinquenta e cinco cabeças dos negros de olhos arregalados mostrando os dentes brancos, e as cinquenta e cinco cabeças de negros empilhadas e sangrando. Eu desci correndo a encosta do terreno e parei na extremidade de um grande corte feito pelo trator onde estavam sentados os seis[3] guerrilheiros. Os guerrilheiros conversavam alegremente entre si decidindo quem deveria saltar primeiro. Um boliviano saltou para a outra plataforma do terreno movimentando os braços e soltando gargalhadas. Eu acompanhei os outros guerrilheiros saltando para a outra plataforma do terreno. Os outros guerrilheiros saltaram para uma pequena reentrância do muro e depois eu saltei, e nós fugimos para a estação. Eu e os seis guerrilheiros sentamos no chão da estação ao lado dos quatro

---

[3] Apesar de o autor indicar que são seis guerrilheiros, a seguir, e no mesmo contexto, são citados números diferentes de guerrilheiros. Esta edição optou por manter a discordância original.

negros de guitarra elétrica e sax que sorriam alegremente mostrando os dentes brancos. Um dos negros chefe do sexteto de jazz levantou-se movimentando o corpo e fez sinal para o trem parar. O trem parou e saltaram aos pulos os dois negros que faltavam do sexteto de jazz. Os dois negros que percorriam dando pulos para o alto os vagões estacionados do trem chegaram à estação e foram abraçados pelos quatro negros de guitarra elétrica e sax. Nesse instante entrou uma senhora gorda gritando na estação e dizendo que tinham roubado as suas malas. A senhora gorda falava nervosa chorando com o chefe da estação, que estava de uniforme azul e levava um quepe sobre a cabeça. O chefe da estação comandou que o trem retornasse para verificar a bagagem daquela senhora. O trem retornou e o chefe da estação percorreu os vagões olhando através das janelas se as malas da senhora ali estavam. Depois de ter percorrido cinco vagões o chefe da estação parou diante de um deles e apontou para o seu interior com o dedo. A senhora gorda olhou através da janela e disse que eram aquelas malas. O chefe da estação disse para a senhora gorda que as malas não tinham sido roubadas, mas ela havia esquecido as malas no trem. A senhora gorda se desculpou e depois se voltou para o nosso grupo e nos chamou com "Psiu!..." e perguntou se nós não queríamos levar as malas. Ela terminou a frase e retirou uma nota de cinco dólares da bolsa, e acrescentou: "Hum!...", como se estivesse perguntado se nós desejávamos a nota de cinco dólares. Eu e os guerrilheiros entramos no vagão e retiramos a série de malas, e eu carreguei um enorme tapete enrolado. As malas estavam muito pesadas e eu comandei que todos largassem as malas, e fui até a senhora gorda e me desculpei sorrindo e dizendo que nós iríamos tomar o próximo trem para a cidade de Trujillo, perto do lago de Maracaibo. Eu e os seis guerrilheiros tomamos o próximo trem e nós avistamos a pequena cidade de Trujillo destruída pelas bombas. Eu dei ordem de dispersar para o grupo de terroristas e eu saltei do trem em movimento e me escondi entre os escombros da cidade e me encolhi junto à parede derrubada pelas bombas. Os fuzileiros e paraquedistas corriam nas ruas caçando os franco-atiradores. Os tanques norte-americanos saíram do bojo dos helicópteros e avançaram nas ruas da pequena cidade de Trujillo protegidos por tropas de fuzileiros. Na praça milhares de corpos dos guerrilheiros venezuelanos fumegavam. Os corpos estendidos, que obedeciam a uma formação rígida de fileiras, desprendiam uma fumaça negra. Eu pensei que todos os guerrilheiros estavam mortos, e ouvia ao longe o ruído das lagartas dos tanques norte-americanos girando no asfalto. Eu me levantei do meu esconderijo e corri pela praça atravessando os corpos que fumegavam. Quando eu passava correndo ao lado desses corpos eu percebi que eles não estavam mortos, mas somente seguravam deitados uma lata, que deveria ser uma bomba de fumaça, que desprendia aquela fumaça negra. Os guerrilheiros venezuelanos formavam filas e todos seguravam a lata que desprendia fumaça junto à barriga. Eu atravessei correndo a praça e pensei que eles poderiam estar enganando os norte-americanos e se fingindo de corpos queimados. Eu entrei numa rua e saltei para o interior de uma vala aberta para colocar a canalização. Eu corri na vala mergulhando o pé na lama e depois de algum tempo que corri na vala eu parei ofegante segurando fortemente um dos meus sapatos. O sapato estava sujo de barro e eu olhei para os pés e eu estava descalço e deveria ter perdido outro sapato. Eu caminhei alguns passos agachado na vala aberta na rua e uma granada explodiu no outro compartimento. Eu vi o brilho da explosão e o estampido da granada. As balas zuniam acima dos montes de terra e a vala formava pequenos corredores que dobravam em ângulo. Eu voltei alguns metros e encontrei Che Guevara indicando o que nós deveríamos fazer, e quais as armas que deveríamos usar. Che Guevara perguntou qual a arma que eu levava e eu mostrei uma faca pontiaguda e enferrujada. Che Guevara perguntou se eu não tinha um revólver, e eu disse que tinha vendido o revólver que pertencia a meu pai. Naquele instante eu lamentei ter vendido o revólver, mas Che Guevara disse que estava bem com aquela faca e todos nós tínhamos confiança no que ele dizia, e Che Guevara falava de uma forma rápida, segura e tranquila, que eu e os outros guerrilheiros que apareceram escondidos na vala nos sentíamos corajosos e capazes de vencer a batalha. Nós caminhamos entre os sacos de areia, montes de terra, caixas de munições e seguimos para frente protegidos pela vala. As balas zuniam acima de nossas cabeças, e de instante a instante explodia uma granada. Quando nós percorríamos agachados a trincheira o surdo-mudo Harpo Marx voltava em sentido contrário. O surdo-mudo caminhava tranquilamente de cartola e buzina levando uma lata na mão que ele usava para urinar. O rosto idiota de Harpo demonstrava passividade, e para ele parecia que nada de grave poderia acontecer, e Harpo oscilava as nádegas para os lados e caminhava tranquilamente de cartola, sobrecasaca amarela, buzina e harpa. Eu parei à frente de Harpo, e ele sorriu para mim dedilhando a harpa e mostrando-me a lata que ele usava para urinar, e eu olhei para dentro da lata e vi dois ou três troços flutuando na urina. Harpo vinha voltando do centro da cidade, onde as granadas explodiam de todos os lados e as metralhadoras repicavam insistentes. Eu pensei que, se Harpo Marx tinha conseguido sentar na lata, cagar e urinar, o perigo no centro da cidade não deveria ser tão terrível. Eu e os guerrilheiros subimos para o terraço de uma das casas situadas no cimo do morro. A cidade se distribuía ao longo da encosta do morro e as casas eram brancas e amontoadas umas sobre as outras. Nas ruas da cidade comunistas e ianques combatiam, e do terraço eu ouvi os tiros de metralhadoras ecoando ao longe. Eu e os doze guerrilheiros passamos de gatinhas junto à mureta do terraço e conversamos a respeito dos últimos acontecimentos e se nós corríamos perigo e se os ianques estavam vencendo. O céu acima do terraço era azul, coberto por uma névoa branca, e a luminosidade do sol era intensa. Os guerrilheiros trajavam roupas escuras e levavam um chapéu de palha sobre a cabeça. Enquanto eu olhava para os cinco guerrilheiros sentados no canto da mureta e ouvia os estalos dos tiros ao longe, eu pensava que eu deveria estar lutando no centro da cidade. Mas eu me encolhi junto à mureta e quando eu pretendia ir de um canto para outro eu caminhava de gatinhas junto à mureta como os outros guerrilheiros para me proteger das balas que passavam junto à mureta. Che Guevara apareceu e disse que nós deveríamos abandonar a cidade e fugir para Altagracia. Eu e os quatro guerrilheiros abandonamos a casa e fugimos para a floresta, nos escondendo nos escombros. Eu e os quatro guerrilheiros saímos da cidade de Trujillo e descemos a encosta da montanha. Depois de caminhar quatro horas nós cinco chegamos às margens do lago Maracaibo. Os quatro guerrilheiros venezuelanos cortavam o mato denso e verde com os seus facões, e eu esperava por eles na margem do lago Maracaibo. Os quatro guerrilheiros desferiam golpes de facão nas folhas altas e os galhos e folhas caíam. Depois eles vieram para a margem do lago suados e ofegantes e nós cinco fomos para o restaurante da vila de Altagracia. Entramos no restaurante, sentamos à mesa, e o garçom nos atendeu. Depois do almoço eu pedi para o garçom uma salada de frutas. Um dos guerrilheiros se irritou comigo dizendo que eu estava maltratando o garçom, e que eu não deveria ter sido irreverente. Eu xinguei o venezuelano e ordenei que o garçom trouxesse a minha salada de frutas. Eu comi a salada de frutas e nós cinco saímos do restaurante, e entramos numa das ruas vazias da pequena vila de pescadores. Eu e os quatro guerrilheiros caminhávamos irritados em fila pisando na calçada de pedra. Um dos guerrilheiros me atacou pelas costas e eu o joguei para o lado, e depois o outro, e o terceiro caiu levantando o pó da rua, e eu caí. O quarto guerrilheiro estava de facão levantado olhando para mim com ódio, pronto me decepar a cabeça. O quarto guerrilheiro venezuelano abaixou lentamente o facão e foi se reunir aos seus três companheiros que caminhavam do outro lado da rua. Eu me levantei do chão batendo o pó das calças e continuei caminhando e xingando os quatro venezuelanos, que andavam no outro lado da rua. Eu gritava rindo e praguejando que eles eram valentes e estavam armados de facão. Eu soltei uma gargalhada e continuei gritando que eles eram fortes e que estavam armados de facão. Depois nós cinco fomos para o sobrado antigo do final da rua perto da praia. Eu levantei o paletó e mostrei a minha metralhadora para os quatro guerrilheiros. Os quatro venezuelanos olharam para minha metralhadora alegres e atemorizados, e nós entramos correndo no sobrado e nos escondemos atrás das janelas do andar de cima. Um grupo de nove policiais armados empurrava os pescadores na praia e eu atirei uma rajada de metralhadora. Quatro caíram e os cinco policiais correram em pânico na praia. Eu continuei metralhando os que fugiam em pânico e derrubei outros quatro, e o último entrou na mata e desapareceu entre as árvores. Depois de algum tempo o tanque bojudo e escuro surgiu no fundo da rua, e o alto-falante gritava para nós nos entregarmos. O alto-falante girava na escotilha do tanque bojudo e escuro e anunciava que nós deveríamos nos entregar. Eu fui para o fundo do sobrado e atirei uma rajada de metralhadora contra o tanque. Imediatamente o canhão se moveu lentamente na direção do sobrado, e cuspiu fogo. A torre do sobrado ruiu com um estrondo e as paredes e os telhados caíram. Eu e os quatro guerrilheiros saímos cobertos de pó com as mãos para cima, acenando passivamente para o tanque bojudo e escuro.

Eu entrei no cinema onde os cartazes vermelhos anunciavam um filme em que apareceria Marilyn Monroe envolta por chamas e os negros selvagens correndo. Eu entrei na sala de espera e uma grande multidão aguardava de pé o término da sessão. Eu me misturei à multidão pensando que não iria ter lugar para todos, e que o cinema deveria estar lotado. Mas as portas da sala de projeção se abriram e existia um grande número de poltronas vazias. A multidão entrou pelas largas portas e se introduziu nas fileiras sentando nas poltronas. Eu assisti ao filme e quando as luzes se acenderam novamente Marilyn Monroe encostava o seu rosto no meu e me acariciava os cabelos ternamente. Marilyn estava sentada na poltrona de trás e me abraçava o pescoço esfregando o seu rosto no meu. Eu perguntei se ela não tinha ido para Nova York e que eu pensava que ela estava em Nova York. Marilyn disse que não tinha ido para Nova York e continuava sorrindo e esfregando o seu rosto no meu enquanto eu beijava a palma da sua mão. Eu e ela deitamos no chão vestidos e nos agarramos um ao outro excitados. Eu via o rosto dela avermelhado nas faces, e na fronte pequenas gotículas de suor. De instante a instante eu e ela fechávamos os olhos e nos beijávamos. O rosto dela abria um sorriso olhando para mim e depois se contraía como se fosse um movimento de dor e ela fechava os olhos. Eu subi sobre o corpo dela e eu ela estávamos vestidos. Eu introduzi as mãos sob o vestido e retirei a calcinha enquanto ela me ajudava a retirar a calcinha movimentando os quadris para cima e as pernas para o lado. Eu voltei a subir sobre o corpo dela e nós nos mantivemos esfregando um corpo ao outro. O rosto dela não sorria, e ela mantinha os olhos fechados e movimentava lentamente a cabeça para os lados enquanto emitia gemidos tênues pela boca entreaberta. Eu desci o corpo na direção do sexo dela e fui levantando pouco a pouco a saia. Eu ouvia os gemidos fracos que ela soltava de instante a instante enquanto movimentava a cabeça para os lados. Quando eu levantava a saia lentamente, primeiro eu vi as coxas firmes unidas uma à outra e depois eu vi o triângulo de pelos e o ventre branco. Eu beijei levemente as duas coxas e depois beijei os pelos. Ela gemia e depois passou a erguer os joelhos e abrir lentamente as pernas. Eu beijava o ventre macio e o começo dos pelos. Marilyn ergueu os joelhos e abriu as pernas forçando os joelhos para cima. Eu via o sexo dela úmido e semiaberto para mim. Eu aproximei a boca do pequeno lábio vermelho e úmido e beijei introduzindo a língua. Marilyn tremeu, soltou um gemido e girou o corpo bruscamente. A perna dela bateu forte na minha cabeça e eu subi um pouco o corpo deitando a cabeça no ventre de Marilyn e mantendo o meu peito preso às duas coxas. Marilyn sussurrava para mim de cima que ela queria mudar de cama. Eu voltei o rosto para a outra cama ao lado e vi duas pequenas baratas caminhando entre os lençóis. Ela mantinha o corpo imóvel e eu mantinha o corpo imóvel. Eu me levantei lentamente e ela permaneceu imóvel de pernas abertas, e eu apanhei o sapato que estava sob a cama e me aproximei silenciosamente da outra cama mantendo o sapato elevado, bati subitamente numa das baratas esmagando a barata, enquanto a outra corria entre os lençóis. Eu avancei rápido e bati na outra barata que fugia. Depois eu joguei o sapato no chão e retornei à cama para o lado dela, que ainda estava imóvel de pernas abertas, o triângulo de pelos aparecendo e o ventre branco. Eu ajustei o meu corpo ao dela e ela disse mantendo os olhos fechados numa voz fatigada. Ela disse que nós deveríamos mudar de cama, passar para a outra que aquela cama era vista pelos espectadores que desciam a escada. Eu e Marilyn saltamos para a outra cama, e depois eu fui para a sala de espera do cinema e o gordo de camisa que estava atrás do balcão olhou para mim. Marilyn permaneceu na porta olhando para mim. Eu perguntei para o gordo de camisa qual era o jantar. O gordo de camisa apontou irritado para as mesas onde homens e mulheres comiam e depois apontou para os pratos que estavam à frente dele no balcão. Eu voltei a olhar para Marilyn, que estava na porta, e eu percebia um certo constrangimento dela de estar ali enquanto os outros espectadores entravam na sala de projeção olhando para ela. Eu olhei os pratos de feijão, arroz e repolho que estavam sobre o balcão diante do gordo e depois perguntei se não tinha carne ensopada. Eu disse que eu gostaria de ver a carne ensopada. O gordo de camisa movimentou a boca para baixo demonstrando irritação pela minha insistência e pela minha desconfiança no prato de carne ensopada. Um dos rapazes que servia os espectadores depositou a tigela de carne ensopada sobre o balcão e eu olhei para os pedaços de carne que flutuavam no molho de tomate e cebola. Eu olhei novamente para Marilyn, que ainda estava na porta, e pensei se eu deveria ou não levar para o quarto os pratos de arroz, feijão, repolho e a carne ensopada, e eu percebi que ela estava constrangida e que os espectadores sentados nas poltronas continuavam a olhar para ela. Burt Lancaster e uma universitária de vinte e oito anos apareceram e nós saímos do cinema e a universitária falava sorrindo procurando seduzir Burt. Depois a universitária de vinte e oito anos se despediu e eu e Burt continuamos andando na avenida cercada de lojas onde a multidão transitava em todos os sentidos. Burt esperou a universitária se afastar e depois comentou comigo que o sexo dela não era de boa qualidade e depois dos dezoito anos o sexo da mulher perde o cheiro e a consistência da carne diminui, e que antes dos dezoito o sexo das mulheres é de melhor qualidade e o cheiro é mais excitante. Eu concordei com Burt Lancaster e nós continuamos caminhando na avenida cercada de pequenas lojas. Depois eu tomei o táxi e cheguei durante a noite em casa. Eu abri o portão de ferro e vi correndo no gramado escuro Marilyn Monroe. Ela estava com uns galhos e véus presos às costas e essa armação lembrava as duas asas de borboleta. Naquela noite ela corria com asas de borboleta no jardim escuro onde eu morava. Eu me aproximei e vi que ela conversava com uma amiga. Ela olhou para trás, sorriu e correu para mim saltitando com as asas de borboleta. Eu pensei que Marilyn Monroe deveria estar louca, mas eu troquei algumas frases com ela e ela respondeu com algumas frases indefinidas e infantis. Eu encostei Marilyn Monroe no muro e ia levantando a saia quando ela disse que a sua amiga que estava deitada no gramado escuro poderia nos ver fazendo sexo ali encostados no muro, e depois o muro estava arrebentado e ela sujou o vestido e a gaze presa à armação que formava as duas asas de borboleta. Eu estava excitado e procurava convencê-la a ir ao meu quarto. Eu deixaria a porta que dava para o jardim aberta e ela entraria sem fazer barulho durante a noite. Marilyn Monroe continuou com aquele olhar vago e infantil que lembrava loucura, e eu pensei que era muito incerto ela aparecer no meu quarto durante a noite e entrar sem fazer barulho pela porta que dava para o jardim. Ela chorou um pouco e depois passou a falar da noite anterior. Ela falava baixo e a voz saía presa entre os dentes e os soluços interrompiam cada frase. Ela falava que na noite anterior ela tinha suplicado para mim. Eu perguntei se ela queria levantar, e Marilyn Monroe estava deitada nua no centro do gramado, pernas um pouco abertas e os braços abertos. Ela olhava o céu escuro e cintilante e o seu corpo, os braços e as pernas estavam abandonados. Eu permaneci de pé e voltei a segurá-la pela cintura e tentar elevar o corpo de Marilyn. Ela permaneceu abandonada mais alguns instantes e depois se levantou com um suspiro e sentou no degrau da escada. Duas mulheres passaram correndo na praia e eu disse para Marilyn que as mulheres não sabiam correr e que elas corriam com o passo curto. Eu apontei para outra mulher que corria com passos curtos na areia e repeti para Marilyn que elas não sabiam correr. Depois eu lancei um disco de Frank Sinatra para cima. O disco girou no espaço e caiu atrás de uma duna de areia. Eu subi na duna de areia e vi o disco de Frank Sinatra. Eu desci correndo a duna e depois deitei com Marilyn na areia, e nós nos abraçávamos quando os animais de Walt Disney apareceram todos coloridos e correndo. Pluto, Mickey, os três porquinhos práticos, Tio Patinhas, Donald. Quando os animais coloridos de azul, vermelho e amarelo apareceram estufados cheios de ar eu larguei

Marilyn e fiquei olhando para os animais, que me observavam em silêncio. Eu percebi que os animais coloridos de Walt Disney pretendiam a morte de Marilyn Monroe. Eu via o silêncio de Donald com seus enormes olhos, o cachorro Pluto, Tio Patinhas de cartola e bengala e o ratinho Mickey. Os animais coloridos imóveis olhavam para mim como se estivessem esperando que eu cumprisse o compromisso de matar Marilyn Monroe. Eu e Marilyn conversamos alguns instantes sentados na penumbra da praia enquanto de instante a instante eu olhava o escuro da noite; e depois ela inclinou o corpo e apoiou a cabeça no meu ombro. Marilyn Monroe devia estar cansada e deprimida e eu procurei envolvê-la com os braços. Em seguida eu acariciava de leve as suas pernas e beijava o seu rosto enquanto ela permanecia impassível descansando no meu ombro. Ela abriu os olhos e me interrompeu dizendo que seria melhor nós voltarmos para casa. Marilyn levantou-se da areia e eu disse que iria urinar. Eu urinei na areia e depois voltei encontrando na praia escura Liz Taylor. Liz disse que elas iriam ensaiar e que Richard Burton deveria chegar a qualquer instante. Eu voltei para o jardim e mastigava um chiclete cinzento. Fora da casa a noite escura cercava o jardim, e eu cuspi o chiclete cinzento. No fim do jardim eu vi Betty Davis, uma das velhas atrizes de Hollywood, dançando. Um homossexual de teatro imitava Betty Davis seguindo os seus passos logo atrás. Betty Davis acenou para mim e continuou ensinando o homossexual de teatro a dançar. O homossexual pisou no chiclete cinzento, e o pé do homossexual grudou no chiclete e a cada instante que o homossexual pisava no solo do jardim o seu pé permanecia pregado, e ele puxava o pé irritado olhando para mim com reprovação como se dissesse que eu não deveria cuspir chicletes no jardim escuro onde eles dançavam. Eu virei o rosto e vi Marilyn Monroe à minha frente. Eu estava deitado na areia e acordei naquele instante. Eu permaneci olhando algum tempo para ela e ela olhava para mim. Ela estava com um vestido leve sobre o corpo e a sua pele estava queimada de sol. O rosto era o mesmo e o olhar infantil e terno. Marilyn Monroe estava um pouco cheia nas coxas e nos braços, mas era o mesmo corpo alongado. Eu permaneci olhando para o seu corpo e o seu rosto e ela sorriu para mim e disse: "Eu apareço e você não diz nada?" Eu respondi ao sorriso de Marilyn e me levantei de um salto da areia. Eu disse sorrindo para ela que eu estava vendo o seu corpo e o seu rosto, e que eu a amava e sentia prazer em ficar olhando para ela. Eu a abracei e Marilyn apertou fortemente o seu corpo contra o meu. Eu sentia o seu corpo leve, macio e morno colado ao meu e depois nós nos separamos e eu segurei a mão de Marilyn. Eu puxei Marilyn Monroe pela mão e eu e ela atravessamos a avenida. Marilyn parou e me prendeu o braço. Ela disse que eu tinha esquecido o cobertor e os lençóis. Eu e ela atravessamos novamente a avenida correndo e saltando, e ela recolheu o lençol e o cobertor. O cachorrinho minúsculo e de pelo cortado latiu raivosamente avançando na mureta. Uma senhora de rosto macilento e branco olhava do centro do jardim. A senhora gorda deveria estar pensando que eu provocava o cachorrinho. O cachorrinho saltou nas minhas costas, prendeu as unhas no meu paletó e latiu mordendo a minha nuca. Eu vi a senhora gorda de rosto macilento e branco atravessar o jardim apressada e fazer um gesto irritado como se eu estivesse machucando o seu cachorrinho.

Eu segurei o cachorrinho colocando a mão para trás e o cachorrinho começou a ganir de medo e sacudir o corpo. Eu retirei o cachorrinho das minhas costas e a senhora gorda de rosto macilento se apoiava na mureta do seu jardim pretendendo me impedir de machucar o cachorrinho. Eu coloquei o cachorrinho sobre a mureta e o cachorrinho saltou para o jardim. A senhora gorda de rosto macilento dizia irritada: "O senhor não se atreva!" Eu me aproximei de Marilyn e ela abriu a blusa e mostrou os seios pontiagudos e firmes. Eu abri a minha camisa e esfreguei o meu peito nos mamilos vermelhos de Marilyn enquanto ela me beijava o pescoço. Ela me empurrou de leve com a ponta dos dedos e disse que eu a esperasse em frente do prédio. Eu deitei na calçada apoiando a cabeça no poste, fechei os olhos e pretendia dormir alguns instantes, mas eu vi Marilyn Monroe saindo do prédio com um vestido longo e brilhante. Marilyn se dirigiu para mim em passos rápidos, parou e disse que eu esperasse mais alguns instantes que ela precisava falar com um produtor de Hollywood. Eu olhei atentamente para Marilyn e deitado introduzi a mão entre as suas pernas. Ela sorriu olhando para baixo e afastou um pouco as pernas para que eu pudesse tocar os seus pelos. Eu toquei com a ponta dos dedos os pelos de Marilyn e depois ela fechou as pernas e prendeu a minha mão nas suas coxas quentes.

Eu estava deitado quando Di Maggio se aproximou rindo e disse: "Cante a Marcha Nupcial". Eu ri para o atleta e comecei a cantar a Marcha Nupcial usando a minha potente voz. Di Maggio desejava que eu cantasse a Marcha Nupcial para acompanhá-lo no seu casamento. Di Maggio caminhava ao lado de Marilyn Monroe e eu fazia vibrar o chão com a minha potente voz. A vibração das minhas costas se transmitia ao solo e o solo vibrava comigo. Interrompi o meu canto e o atleta veio correndo até onde eu estava deitado e perguntou: "Por que você interrompeu?" Di Maggio perguntou rindo e disse que estava bem e que ele estava conseguindo convencer Marilyn Monroe a acompanhá-lo. Eu disse que eu não recordava daquele trecho da Marcha Nupcial e Di Maggio imediatamente tentou me levantar e disse que eu seria substituído por um professor. O atleta apontou para um senhor de óculos e perguntou se ele não desejava cantar a Marcha Nupcial deitado no chão para o chão vibrar. O professor estava convencido e foi agachando o corpo, mas eu disse para Di Maggio que eu havia me lembrado do trecho. Sorte para ele e comecei a cantar com potente voz a Marcha Nupcial. O chão vibrava e Di Maggio segurou a mão de Marilyn Monroe e passou a conduzi-la para o altar. O atleta insistia para que eu cantasse para ele permanecer com Marilyn, e para que ele não perdesse Marilyn Monroe eu deveria continuar cantando a Marcha Nupcial. Eu interrompi o canto quando vi um bando de ginasianas de uniforme correndo pelo convés do navio. Eu levantei-me e ouvi o homem de bigodinho e fraque apontando para mim e dizendo que eu era o melhor cantor da Marcha Nupcial, e que eu possuía a voz mais potente dos que se encontravam no navio. Era um programa de televisão e o animador falava no microfone o meu nome e tecia elogios à minha voz Eu corri atrás das ginasianas de doze e treze anos e todas elas subiram a escada aos saltos. Eu consegui ver as pernas das meninas de uniforme e eu estava excitado e sorria para o atleta Di Maggio, que também estava excitado com aquele bando de meninas novas correndo pelas escadas do convés. Eu corri para a escada para ver se conseguia agarrar uma delas. As meninas saltavam os degraus rindo e soltando gritinhos. Todas elas estavam suadas no rosto. Depois eu desci para o salão do transatlântico, e eu via a escotilha e através do vidro o mar passando veloz. As vagas emergiam e fustigavam o costado do navio. Eu percebi que o navio se inclinava para a esquerda e as escotilhas quase tocavam a água. O mar passava veloz enviando chicotadas de ondas que tocavam as escotilhas. Eu senti a instabilidade do transatlântico e todos os que ocupavam o salão de festas perceberam que o navio se inclinava para a esquerda e ameaçava virar. A inclinação era grande e as cadeiras deslizavam para junto das escotilhas, enquanto a multidão procurava subir para o lado direito do salão. Um movimento mais brusco do navio fez mergulhar as escotilhas. O salão de festas escureceu e eu senti que o navio realizava um giro na água. O transatlântico completou o giro em torno de si mesmo e voltou a deslizar sobre as águas. A multidão se encontrava espremida e agarrada aos cabos de aço presos ao teto. A luz estava apagada e eu pensei que o giro do transatlântico poderia ter provocado um curto-circuito. Depois os turistas se acalmaram, sentaram nas poltronas e eu sentei nas primeiras filas e vi Di Maggio sentado nas últimas filas me observando. Os marinheiros e maquinistas se encontravam no fundo do palco à frente dos elevadores. O comandante repreendia os marinheiros. Eu me senti revoltado com a atitude agressiva e irreverente do comandante e girei a minha poltrona na direção dos turistas e permaneci de costas para a orquestra. A poltrona possuía um eixo que permitia o meu movimento. Eu dizia para os turistas que era uma injustiça social repreender os marinheiros daquela forma, e só porque eles eram subalternos o comandante abusava de sua autoridade. Eu citei algumas passagens do "Capital" de Karl Marx e disse para a plateia que as transformações sociais seriam inevitáveis. Todos olhavam para mim e eu continuava falando estendido na poltrona sem olhar para os espectadores. A minha postura era relaxada e irreverente. Enquanto eu falava percebi Di Maggio no fundo da sala com uma reprovação no olhar. Eu fui até o fundo do salão de festas e sentei à mesa em que Di Maggio estava. Imediatamente eu coloquei a minha Mauser sobre a mesa indicando para Di Maggio a minha valentia e a minha ligação com os comunistas. Depositei a minha Mauser sobre a mesa e a minha Mauser era um pênis ligado a dois testículos. Olhei seriamente para Di Maggio, que sorriu para mim. Di Maggio permaneceu sentado e puxou do bolso da calça uma Mauser semelhante à minha, mas muito maior e mais perfeita. A Mauser de Di Maggio era como a minha, um pênis preso aos dois testículos. Eu permaneci alguns instantes perplexo e concluí que Di Maggio também mantinha ligação com os comunistas. Eu voltei para a frente e no palco se realizava um jogo em torno de uma ampla mesa. Um casal de namorados que eu conhecia sentou-se na cabeceira da mesa aproximando as cadeiras, e a loura que eu havia feito sexo com ela algum tempo sentou do outro lado da mesa. O jogo era responder perguntas sobre vocabulário de francês. O animador do programa sorria para o público e para os que iriam participar da prova. A loura permanecia no canto da mesa falando sozinha, e ela dizia para si mesma que conhecia muito bem o vocabulário francês-inglês, mas que ela não possuía boa pronúncia do francês. Os membros da Ku Klux Klan confabulavam entre si cobertos com os seus pontiagudos capuzes e segurando as suas tochas. O reverendo Luther King levantou-se, interrompeu o programa de televisão e falou no alto-falante defendendo os marinheiros negros. Eu bati palmas aplaudindo o reverendo negro e um dos encapuzados gritou de ódio contra mim e eu saltei da poltrona e fiz um gesto para que ele se aproximasse para a luta. O encapuzado da Ku Klux Klan gritava que eu era comunista e incentiva os seus companheiros de seita a me atacar. Eu gritei desafiando o encapuzado para uma luta e fiz um gesto para ele esperar um pouco. O encapuzado da Ku Klux Klan avançou com os punhos fechados atravessando o salão de festas do transatlântico e eu fui ao mictório urinar. Eu urinava olhando com ódio para o líquido amarelo que caía e pensava em enfrentar o agente da Ku Klux Klan. Eu fechei o zíper da calça e voltei furioso para o salão de festas, onde estavam os encapuzados e os turistas. Os encapuzados de tochas na mão tinham jogado uma lata de gasolina em Luther King e posto fogo. Luther King gritava sendo consumido pelo fogo. Eu avancei contra os encapuzados da Ku Klux Klan e desferi chutes e golpes de karatê quebrando pernas e braços dos encapuzados, que caíam. Os agentes da Ku Klux Klan gemiam se arrastando e eu saí do salão de festas com os turistas aterrorizados com o corpo do negro que fumegava e com os gemidos dos agentes da Ku Klux Klan. Eu subi para o convés e inclinei o corpo sobre a murada do navio e eu vi o longo e cilíndrico torpedo de aço flutuando na água do mar. O torpedo deslizou vagarosamente atravessando as ondas e o torpedo tomou uma decisão firme e mergulhou penetrando nas ondas. Eu vi a hélice na extremidade oposta à ponta do torpedo girar e imprimir velocidade e direção ao torpedo. O giro da hélice produzia um barulho vindo do fundo da água e saltavam para a tona pequenas borbulhas. Do convés do navio eu vi o torpedo seguindo o seu rumo no fundo da água verde e transparente e o torpedo se dirigiu para uma ilha situada ao longe. Eu desci para a cabina do navio e montei na atriz Marilyn Monroe. Humphrey Bogart e Di Maggio me observavam ao lado da cama e eu me movimentava rapidamente com o membro introduzido entre as pernas de Marilyn. Eu olhava para o rosto da atriz, que mantinha os olhos fechados, e percebia uma expressão de gozo e de sofrimento. Eu procurei me movimentar mais agressivamente para produzir mais gozo em Marilyn Monroe, mas nesse instante Humphrey Bogart, que me observava de pé ao lado da cama, apontou o revólver para mim e eu saltei para o lado me desprendendo da atriz. Marilyn permaneceu alguns instantes de olhos fechados gemendo por eu ter interrompido o seu gozo. Eu fiz um movimento rápido com a mão e Humphrey Bogart deixou cair o revólver na cama e eu o apanhei apontando para Humphrey Bogart e Di Maggio. Eu comandei que os dois levantassem os braços para o alto e os dois saíssem da cabina. Di Maggio saiu à frente e escapou pela porta. Eu gritei para Di Maggio, que escapava descendo os primeiros degraus da escada, que eu ia atirar. Dei dois tiros, que se introduziram na parede, e Di Maggio fugia descendo a escada. Eu atirei novamente e Di Maggio agarrou-se ao corrimão e torceu o corpo de dor. Eu percebi pelo rosto contraído de Di Maggio que ele tinha sido atingido. Di Maggio caiu encolhido à minha frente, e eu tirei a faca e penetrei a ponta da faca em suas costas. Eu forcei a penetração da faca, e voltei a desferir golpes mais violentos nas costas do atleta do atleta e no último golpe eu consegui penetrar a faca mais profundamente. Levantei-me: eu havia vencido; e me aproximei de Marilyn Monroe e ajoelhei e beijei gentilmente a sua mão. Eu fechei a porta da cabina e tirei a roupa no escuro e deitei na cama. Depois eu senti o corpo quente de Marilyn sobre o meu. Primeiro tocou a ponta dos seios e depois o seu corpo se estendeu sobre o meu. Eu dizia que a amava e sempre sentia desejo por ela. Eu e ela permanecemos longo tempo girando e gemendo na cama, e eu dizia que a amava e ela dizia que me amava. Quando eu e ela estávamos cansados e molhados no escuro, ela perguntou se eu senti medo. Eu disse que tinha esquecido o medo. Eu e Marilyn Monroe saímos da cabina e paramos em frente do elevador do transatlântico do herói Di Maggio. Eu e Marilyn Monroe aguardávamos o elevador quando ouvimos os risos e o ruído da família que subia pelas escadas. Eu me encontrava no luxuoso transatlântico que pertencia a Joe Di Maggio e a luz se apagou e eu disse para ela que nós poderíamos descer pela escada. Mas naquele momento subia ruidosamente o atleta Di Maggio, os seus irmãos, sobrinhos, cunhadas, tios e tias, Carlo Ponti, Burt Lancaster, Humphrey Bogart. Todos riam e soltavam piadas enquanto subiam as escadas escuras levando velas nas mãos. Di Maggio apareceu primeiro iluminando o vestíbulo com a sua vela e logo em seguida a ruidosa família entrava no vestíbulo rindo e tios e tias segurando velas acesas. O atleta Di Maggio olhou para mim e logo em seguida voltou a rir e soltar piadas entre os seus numerosos filhos, que o aplaudiam batendo palmas. Eu e Marilyn Monroe fomos envolvidos pela multidão de tios, tias, sobrinhos, cunhadas, irmãos e fomos transportados com empurrões e risos para o interior da sala. Nesse instante a luz retornou no transatlântico de Di Maggio e o jogador de beisebol, tios e tias apagaram as velas e se acomodaram rindo nas poltronas e divãs colocados à frente da televisão. Di Maggio ligou a televisão e apareceu um grupo folclórico brasileiro representando uma macumba. Os negros dançavam e pulavam ao som dos tambores, e uma negra gorda de charuto na boca degolou um frango numa panela e depois enfiou a panela cheia de sangue na cabeça de uma das negras que dançavam. A numerosa família soltou gargalhadas e se agitou nos divãs apontando a televisão. Marilyn Monroe procurava falar com a família gentilmente e explicar que era um ritual primitivo, mas a sua voz era abafada pelas piadas e pelos risos. Marilyn Monroe voltou-se para mim e abriu um livro de pinturas primitivas e explicava particularmente para mim, depois de ter falhado com a sua família, os desenhos, apontando cada um deles. Naquele instante o atleta Di Maggio levantou-se e apontou o revólver furioso para todos nós. Ele apontou o revólver para Marilyn Monroe e sem ele perceber eu introduzi a mão na gaveta para me armar de outro revólver. Di Maggio percebeu o meu movimento, gritou irado e fechou a gaveta prendendo a minha mão. Eu soltei um gemido e Di Maggio puxou Marilyn Monroe atemorizada e repetiu irritado: "Você quer ver!... Quer ver!..." e encostou o cano do revólver no olho de Marilyn Monroe e atirou. Eu ouvi a explosão do tiro e Marilyn com os olhos arregalados de espanto. "Olhe!... Olhe...", gritou Di Maggio irado, apontando com o dedo o furo rosado abaixo do olho de Marilyn Monroe atemorizada. Eu corri e subi a escada aos saltos. Di Maggio atirava em todos que estavam na sala e atirou duas vezes quando eu subia a escada. Eu procurava um outro revólver no andar de cima, mas Di Maggio subia a escada correndo e me puxou pelo braço. Nesse momento eu caí de joelhos e comecei a chorar e gemer. O cadáver de Marilyn Monroe estendido no chão estava envolto numa camisola de náilon cor-de-rosa e estava um pouco murcho. Eu olhei para a menina, o ventre, e o sutiã segurando os seios. O corpo da menina era muito desenvolvido para a idade de nove anos, e as coxas eram macias, o ventre macio, e os seios firmes e tensos. O rosto era infantil e pequeno, e olhava para o cadáver com uma certa alegria. Eu, que estava ajoelhado, mantinha o rosto próximo do sexo da menina, que estava coberto pela calcinha transparente, e no lugar dos pelos existia um esparadrapo triangular. Eu pensei que a menina poderia ser uma strip-teaser, e aquele esparadrapo triangular pregado no lugar dos pelos era o mesmo que as strip-teasers usavam. Eu abri os olhos, sonolento, e ouvi os sons que vinham do andar de baixo. Depois de algum tempo, eu percebi que estavam batendo na porta, mas eu continuei deitado tentando me convencer de que não batiam na porta. Mas as batidas eram insistentes e irritadas. Eu me levantei no escuro, desci a escada e abri a porta. Era o atleta Di Maggio que entrava praguejando contra mim e perguntando irritado porque eu demorei para abrir. O jogador de beisebol atravessou rapidamente o corredor e falava irritado sem olhar para mim. Eu não entendi por que Di Maggio não entrou. A porta estava encostada e eu puxei a porta e o atleta entrou. Depois Di Maggio comandou que eu transportasse o corpo de Marilyn Monroe para o outro lado. O atleta dava instruções para mim de como eu deveria transportar o corpo de Marilyn Monroe e se eu deveria seguir aquele caminho e evitar os obstáculos. Eu segurei o corpo de Marilyn Monroe com as duas mãos e fui arrastando o corpo através das valas e montículos de terra abertos no convés do transatlântico. Quando eu atingi o cimo do montículo de areia eu pensei em lançar o cadáver para o outro lado, e o corpo de Marilyn deslizaria na areia e eu poderia saltar livremente para o outro lado. No início do montículo de areia existia um bueiro onde os cadáveres perdidos estavam mergulhados. Eu pensei que o corpo de Marilyn Monroe poderia deslizar na areia e cair no bueiro, mas mesmo assim eu poderia recuperar o corpo e reiniciar a escalada dos obstáculos. Eu escolhi jogar o corpo e joguei. O corpo de Marilyn Monroe deslizou no montículo de areia, mergulhou no bueiro e desapareceu. O bueiro não tinha fundo. Mas outros cadáveres mantinham as suas cabeças fora do bueiro e deveriam estar apoiados em algum lugar; somente o corpo de Marilyn Monroe havia desaparecido mergulhando no bueiro. Eu desci o convés e me introduzi na multidão de turistas alemães, japoneses, italianos, ingleses. A multidão de italianos, japoneses e alemães em que eu me encontrava misturado estava apertada no convés do transatlântico de Di Maggio. Eu me introduzi na multidão aquecida e entrei entre alemães e japoneses, e entre dois japoneses surgiu Harpo Marx. Eu procurei fugir das mordidas que Harpo Marx me dava no pé. Eu empurrava para trás Harpo com um livro e procurava me proteger, enquanto introduzia entre os gordos italianos, com um livro, a minha perna que era mordida por Harpo Marx. O surdo-mudo me perseguia com o corpo inclinado para baixo e mordendo e buzinando agressivamente os meus pés e as minhas pernas. Eu voltei novamente para o lugar que eu ocupava no transatlântico, mas Harpo surgiu de olhos arregalados atrás de um japonês que dormia e eu fui obrigado a me introduzir na multidão apertada de alemães, italianos e japoneses, e fugir da perseguição de Harpo Marx me protegendo de suas bicadas com o livro na mão. Eu parei no convés e Harpo voltou para o seu lugar e permaneceu olhando para mim agressivamente com seus enormes olhos redondos. Eu olhei para o mar e vi as imensas massas de água passando velozes no costado do navio. As pesadas vagas deslizavam velozes no costado do navio e depois nós entramos no porto de Nova York. Um grande navio esguichava uma mangueira afastando-se do cais, e a multidão apertada e caótica gritou alegremente "Ouuu!", encolhendo-se para se proteger da água que esguichava da mangueira. O navio que esguichava a mangueira afastou-se espirrando água fria em todos nós e nós gritamos de alegria e de frio quando recebemos o jato de água. O transatlântico do herói Di Maggio, que transportava a multidão apertada de japoneses, alemães e italianos, em que eu e Harpo estávamos misturados, aproximou a quilha do cais do porto, e eu e os italianos corremos para a quilha e seguramos com as mãos as cordas e mantivemos o navio preso aos pilares do porto de Nova York.

Eu olhei pela janela do décimo oitavo andar do edifício e vi lá em baixo as linhas férreas se cruzando e os armazéns escuros que cercavam dos dois lados os fios elétricos e as linhas férreas. Eu segurei a lata de tinta vermelha e joguei a tinta para baixo. Eu permaneci olhando a tinta vermelha que deslizava pelo espaço até espatifar-se junto às linhas férreas e formar um enorme borrão vermelho. Eu saí rapidamente da janela quando percebi que os policiais se movimentavam correndo lá embaixo e alguns olhavam para cima procurando descobrir a janela de que foi lançada a tinta vermelha. A tinta vermelha era um símbolo comunista. Eu corri para o banheiro e passei a lavar a minha mão manchada de tinta vermelha na pia. Eu esfreguei a mão despejando gasolina num pano e desci correndo as escadas. Eu entrei no Oldsmobile e fugi. O automóvel percorria a estrada e eu olhava para os policiais colocados em intervalos regulares de um e de outro lado da estrada. Eu saltei do Oldsmobile e entrei no hotel. O herói Di Maggio comia um sanduíche à mesa. O atleta apontou para as coisas que estavam colocadas sobre a mesa e perguntou se eu não queria um sanduíche. Eu recusei dizendo que não estava com fome e tinha almoçado naquele instante. Di Maggio insistiu irritado e eu fui obrigado a aceitar um sanduíche. Di Maggio, Marilyn Monroe, Charles Boyer e eu estávamos de férias em Caracas; e Di Maggio, com a sua forma incisiva de falar, comandou dizendo que nós três deveríamos ir ver a orquestra que se apresentava no hotel em que Charles Boyer se encontrava hospedado. Eu ainda segurava o sanduíche na mão que o atleta de beisebol me obrigou a pegar, e eu disse que iria depois e os três partiram na Ferrari de Di Maggio. O carro partiu rápido zumbindo, e a cabeleira longa e prateada de Marilyn Monroe agitada pelo vento desapareceu ao longe entre as casas. Eu caminhei na direção da praia, eu me encontrava a uns duzentos metros do mar nas ruas centrais da cidade. Depois que o ruído da potente Ferrari de Di Maggio se extinguiu e o veloz carro desapareceu entre as casas antigas, eu ouvi ao longe o som da orquestra que estava tocando no hotel em que Charles Boyer se hospedava. Eu caminhei na direção da praia e pensei que eu poderia encontrar o hotel seguindo o som orquestra. Quando eu cheguei à esquina eu mordi o sanduíche que Di Maggio me obrigara a levar e ouvi no segundo andar da pensão uma batucada de negros. Os negros cantavam e dançavam uma música de carnaval, e eu olhei para dois adolescentes negros que se mantinham conversando à frente da caixa registradora. Eu me senti mal e dobrei a esquina e entrei na estação da estrada de ferro. Dois funcionários olhavam para a mulher que tinha sido atropelada pelo trem. Eu olhei para a mulher, que só possuía a cabeça e parte do ombro, e vi que ela se mantinha silenciosa e procurava se concentrar de olhos fechados suportando a dor da perda do corpo. Os funcionários observavam a mulher que possuía a cabeça e parte do ombro e aguardavam a chegada da ambulância. Eu voltei para a esquina e cuspi o sanduíche que eu mastigava. Eu olhei para a outra metade do sanduíche que eu trazia nas mãos e pensei que Di Maggio deveria ter feito o sanduíche do corpo da mulher atropelada pelo trem. Naquele instante a Ferrari de Di Maggio estacou com um chiado de pneus, e o atleta sorriu e fez um gesto para eu subir. Eu entrei no banco de trás e sentei ao lado de Marilyn Monroe. O atleta Joe Di Maggio parou em frente de uma carrocinha de verduras e revistou uma longa caixa onde deveriam estar as armas. Eu e ele procuramos minuciosamente e não percebemos a existência do dono da carrocinha de verduras, que permanecia silencioso e de braços cruzados. Eu e Di Maggio vasculhamos a longa caixa, enquanto o vendedor permanecia de braços cruzados entre temeroso e irritado com a nossa irreverência. Eu e o ágil atleta achamos uma série de pontiagudos espetos de assar carne e resolvemos levar aqueles mesmos. E eu no final achei uma tesoura de aço que deveria servir para operações delicadas; as duas pontas da tesoura eram compridas e afiadas. Eu carregava a tesoura na mão direita e Di Maggio caminhava à frente levando os pontiagudos espetos de assar carne. Eu parei um momento olhando para a minha mão onde não se encontrava a tesoura. Eu permaneci perplexo alguns instantes e não me recordava se eu havia entregado a tesoura para o vendedor de verduras, ou se eu havia deixado cair a tesoura. Eu continuei seguindo Di Maggio e pensei comigo que eu deveria estar procurando escapar ao duelo, e que a tesoura não era necessária, e que ela não seria usada para o duelo, e o duelo seria realizado com os pontiagudos espetos de assar carne. Eu procurei me libertar desses pensamentos e pensar os golpes que eu poderia aplicar no meu oponente usando o pontiagudo espeto de assar carne. Eu procurei até repetir com gestos os golpes que eu poderia aplicar no duelo. Instantes depois de eu estar completamente absorvido por esses pensamentos, eu olhei para frente e não vi Di Maggio. Eu comecei a ficar nervoso e pensei que eu deveria me recordar onde estava situada a academia onde iria se realizar o duelo. Procurei me recordar de como era a rua e a frente da academia, se existiam alguns arbustos ou se era simplesmente uma casa. Enquanto eu pensava nisso, eu saltei uma vala, era noite e a rua estava muito escura, quando eu dei um passo à frente eu percebi que eu estava com um pé no outro lado da vala e o outro apoiado, eu percebi que foi uma sorte eu não ter caído na vala, era uma vala aberta em toda a extensão da rua onde estavam consertando as canalizações; e eu permaneci parado com um pé em cada extremidade e depois resolvi me movimentar. Eu entrei num cabeleireiro de mulheres e lembrei-me de que eu deveria sair do cabeleireiro. Eu atravessei uma saleta e uma empregada do cabeleireiro enfiava alguns grampos no próprio cabelo e olhava para o espelho. Eu passei pela empregada, olhei para ela e ela continuou arranjando o cabelo e corrigindo o batom da boca diante do espelho. Eu olhei a mulher pelo espelho e percebi que ela estava olhando para o seu próprio cabelo. Eu atravessei a sala e comecei a subir uma escada de pedreiro que servia de saída. Eu subia na escada de pedreiro pregada à parede enquanto olhava para a empregada do cabeleireiro de mulheres pelo espelho. Eu saí na rua e Joe Di Maggio lançou os espetos contra mim, e eu me escondi atrás dos carros. O jogador de beisebol estava furioso e gritava de ódio, e lançava três, quatro espetos de assar carne ao mesmo tempo; e os espetos se espetavam nas capotas dos carros, nos pneus e no asfalto. Eu corri de um carro para outro me escondendo, mas o atleta Di Maggio continuava lançando veloz os seus espetos. Eu vi passar lentamente acima da minha cabeça dez ou quinze espetos de assar carne juntos em formação, e depois um em seguida ao outro. Joe Di Maggio continuava praguejando furiosamente lançando um grande número de espetos. Eu passei a espada e abri a barriga de Joe Di Maggio. O atleta permaneceu algum tempo imóvel com a espada elevada, e o corte aberto na barriga se abriu e as tripas saíram para fora. Di Maggio desceu a espada num golpe rápido e destruiu o muro de madeira, e eu corri descendo o morro atravessando o capim verde. Eu olhei para trás e vi o atleta Di Maggio olhando para mim furioso. Eu continuei atravessando o capim verde quando Joe Di Maggio, caído ao longe, lançou a sua espada veloz cortando o capim verde e eu me desviei da espada, que zuniu nas minhas pernas e se espetou na árvore. Di Maggio se transformou num leão e galopou pesado, saltou sobre mim e eu me atirei no rio e nadava fugindo do leão que rugia rondando a margem. O leão se lançou pesadamente no rio e me perseguia nadando como se fosse um homem. O leão lançava as patas dianteiras para frente e batia as patas de trás. Eu virei o corpo aterrorizado e nadava de costas olhando o animal feroz que rugia me perseguindo. Eu voltei para a margem, corri e entrei no Oldsmobile batendo a porta e fechando os vidros. O leão subiu novamente na margem agitando o corpo e espirrando água, e me observou de longe quando eu dei a partida no Oldsmobile e avancei com os faróis acesos na direção do leão. Eu acelerei o carro e avancei veloz para o animal, que me observava de longe. O leão saltou para o lado, eu passei derrapando e freei o carro. Eu fiz a curva e retornei avançando veloz contra o leão, que rugia ao longe. O leão avançou contra o Oldsmobile balançando a sua cabeça e bateu numa das rodas. A enorme pata bateu triturando o vidro do carro. Eu acelerei o Oldsmobile e vi o leão, que trotava mancando ao longe. Eu retornei veloz e a besta avançou corcoveando em fúria e batendo a sua cabeça no solo. O Oldsmobile bateu de frente no corpo do leão, e a fera foi lançada longe rugindo e caiu com um estrondo. A besta galopava pesado batendo e arrastando a cabeça e retornava para o ataque. Eu recuei com o carro, apertei o acelerador e o Oldsmobile avançou veloz batendo com a frente na juba dourada do leão e esguichou um jorro de sangue. O eixo do carro partiu e eu saltei correndo, a besta corcoveava em fúria levantando pó, rugindo e batendo no solo com a cabeça ferida. A besta ferida se transformou novamente no atleta Di Maggio, e o jogador de beisebol levantou-se cambaleando e gemendo e entrou no Oldsmobile com a frente torcida e os vidros triturados. Di Maggio apertava contra o pescoço um lenço ensopado de sangue e virava uma garrafa de uísque na boca. O atleta Di Maggio saiu do Oldsmobile cambaleando e sentou na margem do rio virando na boca a garrafa de uísque. Di Maggio estava sentado na margem do rio e virava na boca a garrafa de uísque. Di Maggio resmungava consigo mesmo e cerrava os punhos como se estivesse discutindo com alguém. Di Maggio levantou-se cambaleando e eu me afastei entrando na mata. Eu mergulhei no rio e nadava na direção da margem quando o atleta Di Maggio gritou: "Cuidado!..." Eu pisava na borda da rede de peixes que se arrastava no amplo rio. Eu subi na borda da rede e saltei, e vi os aviões arrastando a imensa rede acima das montanhas cobertas pela floresta verde e densa. A imensa rede presa aos aviões arrancava plantas, peixes, água e lama do amplo rio, e somente restava o leito de lama aberto entre as duas florestas verdes e densas. Eu corri para a margem enfiando os pés na lama quando o irado bêbado Di Maggio me atacou com um soco. Di Maggio rugia alto, e nós dois escorregávamos na lama trocando socos e pontapés. O bêbado Di Maggio procurava me atingir com socos e eu escorregava na lama do leito do rio devastado pela imensa rede. Eu e ele com os braços pendidos junto ao corpo dobramos os joelhos e caímos extenuados. Eu e ele levantamos o braço saudando um ao outro, e depois nos levantamos com o resto de nossas forças e nos abraçamos fortemente. Eu e Di Maggio caímos abraçados na lama do rio. Eu e Joe Di Maggio fomos para o hotel abraçados e encontramos a sua esposa Marilyn Monroe tomando lanche. Marilyn levantou-se nua da cama com a parte interna das coxas e com os pelos molhados. Eu a vi se levantar nua, abrir a porta e sair da sala. Eu corri para a janela, e saltei do vigésimo andar do luxuoso hotel e perfurei a nuvem branca veloz e olhei para trás. O grande exército de anjos escapava das nuvens, primeiro o anjo armado de lança-chamas, e logo atrás batendo as suas asas brancas quinze anjos transportando bandeiras e estandartes. Eu realizei uma curva no espaço e subi veloz levado pelos meus dois foguetes presos às costas, e naquele instante vi o exército completo, e os anjos armados de metralhadoras, bazucas, facas, lanças, espadas, granadas, foices, ganchos, e os anjos soltaram um berro de guerra. Eu atravessei veloz por baixo dos pés dos anjos e me coloquei na frente do exército de anjos, e um estrondo explodiu à minha esquerda e eu vi pés, cabeças, foices, asas caindo e o jato zumbindo ao longe no horizonte. Eu gritei no alto-falante para impedir o pânico do meu exército de anjos, e comandei que todos se espalhassem camuflando-se nas nuvens. O jato azul e metálico voltava zunindo na minha direção, e o ponto aumentava e eu vi os quatro foguetes das asas se despregando e partindo na direção de uma das nuvens. Os quatro foguetes explodiram e eu vi a nuvem abrindo e os fragmentos de anjos, armas, couraças e elmos caindo no espaço. Eu gritei no rádio para o anjo de lança-chamas, e o jato passou zunindo na nuvem branca e surgiu uma imensa coluna de fogo. O jato rodopiou desgovernado, e um rolo de fumo negro escapou das asas, e a cápsula do piloto foi ejetada para cima. Eu mergulhei veloz no espaço perseguindo o piloto que caía de paraquedas aberto, furei o paraquedas e subi novamente e vi o piloto despencar no espaço. O jato desintegrou-se de encontro às águas do mar. Um grande número de anjos fugia em pânico batendo as suas asas. O restante do exército estava escondido em uma das nuvens, e eu gritei no alto-falante das nuvens que eles se organizassem fora das nuvens para a batalha. Eu gritei repreendendo e chicoteando os anjos, e os anjos abandonaram a extensa nuvem branca e se reuniram nos seus pelotões. As gigantescas arraias surgiram batendo as suas asas e o herói Di Maggio montava na primeira arraia agitando a sua foice de prata. Eu metralhei para o alto e as arraias giraram em torno do meu exército de anjos, que voava desordenado lançando facas, flechas, punhais, bombas para o alto. As gigantescas arraias chicoteavam com os rabos os anjos e cortavam braços e cabeças. O atleta Di Maggio, montado na arraia alada, girava sua foice acima da cabeça e decepava as asas e cabeças dos anjos. Eu metralhei duas arraias negras que mergulhavam velozes no espaço e as duas desfizeram o voo e caíram verticalmente. O anjo de lança-chamas queimava com uma nuvem de fogo as gigantescas arraias, que voavam em pânico cobertas de chamas. Eu deslizei com o meu foguete para o centro da batalha aérea. As arraias chicoteavam os anjos e mordiam as suas asas, e os anjos metralhavam e martelavam as arraias aladas e gritavam espetando as suas lanças. Um grande número de arraias e anjos despencava ferido do alto e explodia de encontro à areia da praia. Eu subi com os foguetes acima das nuvens e procurei ver, através da fumaça dos anjos e arraias batalhando, Di Maggio. O herói descia para o penhasco montado na gigantesca arraia, que planava acima do mar. Di Maggio saltou da arraia e acenou de cima do penhasco a bandeira branca e eu desci veloz e pousei na rocha. Di Maggio gritou de cima agitando a bandeira branca. O ágil atleta pretendia uma trégua estabelecida para descanso dos nossos dois exércitos. Eu subi verticalmente levado pelos dois foguetes presos às minhas costas, e anunciei pelo alto-falante a trégua de quatro horas. A batalha aérea se desfez e os anjos e as escuras arraias pairaram alguns instantes no espaço e desceram para a praia formando uma imensa revoada de anjos e arraias. O exército de anjos pousou na areia da praia onde jazia um grande número de anjos despedaçados e fragmentos de arraias, couraças, lanças e metralhadoras, e deitaram na areia estendendo as suas amplas asas brancas ao sol. As arraias de Di Maggio descansavam pregadas aos penhascos e agitavam o corpo escuro na espuma das ondas. Um grande número de anjos lançou fora as suas armas e couraças e mergulhou na água do mar misturado às arraias, que submergiam e saltavam acima da água. Alguns anjos tomavam banho de sol nus de nádegas para cima, outros passeavam entre as arraias estendidas nos penhascos, outros anjos fumavam charutos e bebiam uísque, e um grande número nadava no mar azul e sacudia as suas asas espirrando água. Di Maggio desceu aos saltos do penhasco, deitou na areia e dormiu. Ao longe, na estrada asfaltada que atravessava as montanhas, surgiu a escavadeira amarela seguida de dez caminhões de aço. A escavadeira amarela entrou na praia lentamente rolando as suas lagartas mecânicas e os anjos, que se encontravam no mar e nos penhascos, correram e cercaram a enorme escavadeira amarela, que mantinha a sua pesada pá dentada suspensa pelo braço de ferro. Eu me levantei e fui perguntar para o motorista da escavadeira amarela o que ele fazia ali no sul da Califórnia. O motorista gritou da cabina atrás do vidro, mas eu não ouvi aturdido pelo barulho do motor. O motorista desligou o motor da escavadeira, desceu alguns degraus da escada de ferro e gritou de cima que era a limpeza pública encarregada de recolher os despojos da batalha. Eu e os anjos soltamos um "Ham!..." de irritação e nos afastamos deitando novamente ao sol. A alta escavadeira mecânica avançou na praia seguida pelos caminhões de aço, e desceu a sua pesada pá e escavou levando areia, fragmentos de asa, metralhadoras, carne branca de arraia, e despejou no caminhão de aço levantando pó e terra. A pá dentada desceu novamente na areia e recolheu o corpo de um anjo sem cabeça e um grande número de foices, facas e bazucas. A escavadeira amarela seguiu o seu trabalho recolhendo os restos de arraias e anjos e despejando-os misturados à areia nos caminhões de aço. A escavadeira percorreu a praia até os penhascos e encheu os dez caminhões com os restos da batalha, e depois de terminado o seu trabalho entrou novamente na estrada asfaltada e seguiu lentamente rodando as suas lagartas mecânicas e com a pá elevada seguiu à frente dos dez caminhões. Quando o cortejo dos dez caminhões de aço carregados de cadáveres de anjos, corpos de arraias, armas e couraças passou lentamente ao lado da praia, seguindo à frente a alta escavadeira amarela, todos os anjos se mantiveram imóveis durante algum tempo olhando o cortejo desaparecer ao longe entre as montanhas e depois voltaram para a água do mar, e deitaram na areia. Um grande número de helicópteros surgiu no horizonte azul, e os helicópteros sobrevoaram a praia colocando em pânico o meu exército de anjos, que corria desordenado, e as arraias levantaram voo subitamente para as nuvens. Os helicópteros pousaram na praia e os anjos já armados de foice e metralhadoras viram descer o Papa Paulo VI cercado de cardeais, o negro reverendo Luther King, um grande número de bonzos budistas envoltos nas suas túnicas amarelas, uma banda de música do Exército da Salvação, e um grande número de pacifistas com cartazes onde estava escrito: "Paz", "Somos contra a guerra". Eu e os anjos retornamos para a praia deitando na areia e as arraias pousaram novamente nos penhascos. A marcha ruidosa de pacifistas se introduziu entre os dois exércitos que descansavam na areia e começou a distribuir panfletos e pronunciar discursos contra as guerras. A banda do Exército da Salvação tocou um hino religioso, e todos os pacifistas cantaram e depois o Papa Paulo VI se aproximou do microfone cercado por um grande número de cardeais de batina vermelha. O Sumo Pontífice falou com uma voz lenta e feminina e a multidão de anjos cobriu a voz do Papa com uma ruidosa vaia, enquanto as arraias batiam com as asas nos penhascos formando um imenso barulho. Eu me levantei irritado e fui até Paulo VI e dei-lhe um chute na barriga. O Papa caiu gemendo e praguejando e foi socorrido pelos cardeais, que recuaram horrorizados. Os anjos atiravam areia nos cardeais, e os cardeais e o Papa correram segurando com a mão as saias das batinas vermelhas e se esconderam nos helicópteros. Nove bonzos despejaram um latão de gasolina em si mesmos e puseram fogo. As chamas levantaram subitamente e a banda de música do Exército da Salvação foi envolvida pelas chamas. Os músicos do Exército da Salvação gritavam de dor e pânico com as chamas presas aos seus uniformes. Eu me levantei com o extintor de incêndio e cobri os bonzos e os músicos que gritavam com espuma branca. O fogo se extinguiu e os bonzos e músicos do Exército da Salvação gemiam de dor com as queimaduras no rosto, nas pernas e nas costas. O restante dos pacifistas começou a cantar um hino religioso e se afastou carregando os seus cartazes, e os bonzos e músicos do Exército da Salvação semiqueimados, e entraram todos nos helicópteros. Os anjos deitaram novamente na areia, e todos caminhavam lentamente arrastando as suas asas brancas. Os anjos olhavam uns para os outros e cuspiam para o lado fumando os seus charutos e alisando as suas longas cabeleiras. Eu deitei de costas e fechei os olhos ouvindo o barulho das ondas arrebentando ao longe. Eu abri os olhos e me levantei com dificuldade e fui caminhando na areia até os helicópteros. Bonzos, pilotos, cardeais, pacifistas, os músicos do Exército da Salvação e o Papa Paulo VI dormiam uns sobre os outros roncando alto. Eu me encostei num dos helicópteros e olhei para a praia onde estava o grande número de anjos e arraias deitados dormindo. O herói Di

Maggio continuava dormindo na praia de barriga para cima. Eu caminhei mais alguns passos na areia, caí deitado e dormi. Quando eu acordei eu vi o herói Di Maggio e Marilyn Monroe nus um abraçado ao outro, e o atleta beijava Marilyn. Eu me encostei atrás do arbusto e apontei a bazuca para o saco de Di Maggio. Eu via do meu esconderijo o cu peludo de Di Maggio e o saco pendendo com as duas enormes bolas. Eu apertei o gatilho e o foguete saiu com um estrondo. O tiro atingiu certeiro o saco de Di Maggio, que se preparava para subir em cima de Marilyn, que estava deitada nua de pernas abertas. Eu ouvi a explosão e corri descendo a colina e entrei debaixo da ponte. Eu estava ofegante da corrida e segurava a bazuca com as duas mãos, eu sentia medo e os meus dentes batiam uns contra os outros. Eu ouvi ao longe os gemidos de Di Maggio e eu joguei a bazuca no rio e depois de algum tempo resolvi sair de baixo da ponte e subir a encosta da colina. Eu subi procurando me esconder entre os arbustos e ouvi ao longe os gemidos de Di Maggio. Eu atravessei a estrada correndo e vi os dois testículos de Di Maggio perto da ponte. Os testículos estavam vermelhos de sangue e mediam dois palmos de altura. Eu continuei subindo ofegante a encosta da colina e observei ao longe Di Maggio de pernas abertas apertando com as mãos o lugar do saco, que jorrava sangue. Di Maggio caminhava na praia de pernas abertas se dirigindo para as ondas do mar e soltava urros de dor. Di Maggio entrou na água do mar e começou a lavar a enorme ferida e ele chorava como uma criança. Uma arraia alada levantou voo e espirrando espuma para os lados desceu ao lado de Di Maggio e colocou Di Maggio no seu dorso. Di Maggio deitou nas costas da arraia alada e o peixe alado levantou voo desaparecendo nas nuvens. Os meus dentes continuavam batendo de pavor e só quando eu vi a arraia alada desaparecer nas nuvens eu corri para a praia, onde Marilyn Monroe jazia imóvel. A barriga branca de Marilyn estava rasgada e as vísceras despejavam-se para fora. Eu caí de joelhos e chorei junto da cabeça de Marilyn Monroe. Eu chorei até a noite, e quando estava escurecendo eu me levantei e passei a jogar areia sobre o corpo de Marilyn, que emitia luz. Eu estava ajoelhado e fazia uma concha com as mãos e jogava areia sobre o corpo de Marilyn Monroe. Depois de duas horas eu tinha feito um monte de areia sobre o cadáver de Marilyn. Eu voltei para a estrada e me aproximei dos dois testículos de dois palmos de altura. Eu apanhei a mala e a bazuca e coloquei os dois pesados testículos envolvidos por um plástico dentro da mala. Sobre a estrada passava um táxi-helicóptero. Eu fiz sinal com os braços para o helicóptero e ele desceu verticalmente. As pás do helicóptero zuniam sobre a minha cabeça e eu abri a portinhola de aço, introduzi a mala, sentei ao lado do piloto e disse: "Feira de Nova York". O helicóptero subiu verticalmente e instantes depois nós abandonávamos as praias da Califórnia e nos dirigíamos para o norte. O helicóptero chegou a Nova York quando amanhecia. O helicóptero passou ao lado da tocha da Estátua da Liberdade e depois seguiu na direção das Nações Unidas e desceu no parque da Esso no centro da Grande Feira de Nova York. Eu desci do táxi aéreo e perguntei para o piloto quanto marcava o taxímetro. O piloto respondeu: "Vinte mil". Eu assinei um cheque e entreguei para o piloto do helicóptero, que levantou voo verticalmente. Eu girei a cabeça e passei a observar o grande número de pavilhões esféricos e retangulares que se amontoavam uns sobre os outros. Eu apanhei a minha mala e caminhei na direção de um guichê. Eu chamei o negro que dormia dentro do guichê e perguntei: "Existe algum pavilhão para alugar?" Instantes depois cento e cinquenta operários trabalhavam na instalação das esteiras rolantes no pavilhão nº 2.451, e da cúpula de vidro onde deveriam ser colocados boiando no formol os dois testículos de Di Maggio. Os cento e cinquenta operários trabalharam tenazmente durante o dia e a noite e na manhã seguinte o pavilhão nº 2.451 estava pronto para ser inaugurado e receber o público. Eu respondia às entrevistas da televisão, rádio, jornais, revistas e eu era fotografado e televisionado. Um sexologista estava ao meu lado e explicava para os repórteres a anomalia dos testículos. Às duas horas da tarde uma grande multidão de turistas e nova-iorquinos se amontoava em filas diante dos guichês de entrada. Eu fiscalizava a venda dos ingressos percorrendo os guichês um por um. A multidão colorida e caótica atravessava os portões e se introduzia desordenadamente nas esteiras rolantes e era transportada imóvel e curiosa para perto da cúpula de vidro onde se encontravam os dois testículos gigantescos. Um grande número de cabeças conversava entre si trocando impressões sobre os enormes testículos, alguns retiravam as suas máquinas fotográficas e binóculos quando a esteira rolante os conduzia para a cúpula de vidro iluminada pelas luzes amarelas, verdes, vermelhas. Em frente do pavilhão parou um carro preto cercado de policiais de motocicletas e saiu do carro o gordo Winston Churchill de bengala, chapéu e charuto preso aos dentes. Eu fiz um sinal para os portões e os funcionários e guardas empurraram a multidão, que gemia irritada, e o gordo estadista Churchill ajudado por dois guardas na esteira rolante. A multidão que se comprimia voltou a subir na esteira rolante e foi sendo conduzida imóvel com o gordo Churchill de charuto, chapéu e bengala para a cúpula de vidro onde flutuavam os dois testículos. Quando a multidão e o gordo estadista Winston Churchill se aproximavam, levados pela esteira rolante, dos enormes testículos, o gordo Churchill engasgou com uma longa baforada do seu charuto e começou a tossir. Os guardas que cercavam o gordo Churchill se aproximaram para ajudá-lo, mas ele conseguiu reter o acesso de tosse e imediatamente soltou três violentos peidos. A abóbada de concreto do pavilhão dos testículos tremeu com o ribombar dos violentos peidos de Churchill e a multidão recuou assustada. No momento em que a multidão recuava a esteira mecânica prosseguia deslizando velozmente na direção da cúpula de vidro. O gordo Churchill tossia e soltava uma rajada de potentes peidos que faziam tremer o pavilhão dos testículos. Uns caíam sobre os outros e eram levados pela esteira rolante. No instante em que a rajada de potentes peidos do gordo Churchill era mais violenta, os enormes testículos de Di Maggio, que flutuavam envolvidos pela luz verde, vermelha e amarela passaram a latejar no mesmo ritmo da rajada de potentes peidos do gordo Churchill. A multidão em pânico, que corria uns sobre os outros, gritava e os três guardas se agitavam no portão de emergência e apontavam para os enormes testículos, que latejavam ameaçando explodir. Um estrondo terrível e os testículos explodiram espirrando espermatozoides para todos os lados. Os bilhões de espermatozoides zuniam nos ares velozmente, e rodavam formando imensos redemoinhos. A multidão corria em pânico e uns pisavam sobre os outros. Os bilhões de espermatozoides, que giravam os seus flagelos e deslizavam com sua minúscula cabeça, batiam na cúpula de concreto, que abriu se rachando e as paredes da cúpula ruíram. Os bilhões de espermatozoides voavam desordenadamente zunindo entre os bondes suspensos da feira de Nova York. Os bilhões de espermatozoides negros faiscavam desgovernados e batiam nos enormes e redondos pavilhões coloridos e destruíam a feira de Nova York levados pela rapidez supersônica dos flagelos. A imensa multidão de turistas acumulados na Grande Feira de Nova York corria em pânico pelas alamedas, enquanto grande número de homens e mulheres caíam mortos varados pelos bilhões de espermatozoides, que ziguezagueavam destruindo os pavilhões e os bondes suspensos. A nuvem negra de espermatozoides zuniu no espaço destruindo todos os pavilhões da Grande Feira de Nova York e a multidão em pânico corria pelas ruas na direção da ONU. Os bilhões de espermatozoides formaram um redemoinho negro sobre o lago artificial da feira, e giravam zumbindo a uma velocidade supersônica. O redemoinho foi-se introduzindo lentamente no lago artificial até desaparecer. Instantes depois os escombros fumegantes da Grande Feira de Nova York jaziam em silêncio.

Louella Parsons fechou a porta cuidadosamente e eu vi através da porta que fechava o corpo de Marilyn Monroe estendido e o rosto contraído e branco. Louella Parsons fechou a porta e se aproximou de mim dizendo que Marilyn tinha se suicidado. Quando ela abriu a porta eu vi Marilyn Monroe nua sobre o lençol, eu vi através da porta o corpo rígido de Marilyn e pensei que ela poderia estar dançando e que seria uma representação da morte. Louella Parsons fechou a porta cuidadosamente para não chamar a atenção dos repórteres, e depois se aproximou de mim na ponta dos pés e falou baixo e tranquila que Marilyn Monroe tinha se suicidado. Foi no final do dia que o carro fúnebre chegou. John Wayne foi avisar Di Maggio e subiu a escada. Di Maggio desceu e olhou o corpo cercado de flores, olhou o corpo da cabeça aos pés. O caixão foi cerrado e alguns amigos de Marilyn Monroe transportaram o caixão para fora da casa e em seguida os funcionários do carro fúnebre colocaram o caixão dentro do carro e o prenderam por meio de correias de couro. Eu havia visto Marilyn Monroe no caixão, os cabelos louros cercando o rosto. Os sapatos tocavam a extremidade do caixão, e as pontas dos sapatos colocadas um pouco para fora. A horizontalidade do corpo e as mãos cruzadas sobre o peito. O caixão entrou no carro fúnebre e aqueles que não iam para o cemitério permaneceram na frente da casa, situada um pouco acima do nível da rua, olhando o carro fúnebre iniciar o seu movimento. Os outros carros realizaram as manobras e eu fui no carro de Arthur Miller. Eu me sentia levado pelo carro e o meu corpo estava inerte no assento, enquanto eu via as casas se movimentando através do vidro e o carro fúnebre subia a rua um pouco lentamente. A rua era calçada de paralelepípedos de granito e subia a encosta do morro, e a rua era cercada dos dois lados por pequenos sobrados cobertos de telhas de argila vermelha. Eu caí na cama e dormi. Ela entrou no quarto de hotel branco. Eu sentei na cama e tirei o sapato. Ela tirou a roupa, eu tirei a roupa. Ela deitou sobre mim: é uma luta e nós dois, eu e ela, lutamos furiosamente. E os cabelos da mulher caem para frente. Pendem os cabelos, os cabelos caem. À minha frente Marilyn Monroe encolhida na cadeira. Sobre a mesa o abajur, e eu acendia e apagava a lâmpada que iluminava o teto alto do quarto. Era noite e estava escuro lá fora, e eu ouvi alguém chamando no jardim. Gritava alto para a janela do meu quarto. Eu saí no terraço e não consegui ver no escuro do jardim quem me chamava. Eu vi um homem, mas não me recordo quem poderia ser. Eu respondi de cima do terraço que eu iria descer e abrir a porta. Eu senti a marca das mãos, dos braços, das pernas. Eu estava deitado na cama no escuro do quarto, eu senti a marca das mãos, dos braços e das pernas. Ela tinha deixado gravada na pele a ausência. E não era a ausência que eu estava habituado a sentir, era uma ausência real e física. Quando eu acordei no apartamento eu vi o vestido vermelho de Marilyn Monroe sobre o divã. Retirei o vestido e coloquei sobre a cama, e deitei no divã. Sobre a estante estava um saco de plástico que embrulhava um sanduíche. Eu levantei do divã e fui para o banheiro molhar o lenço na pia. A minha dor de cabeça aumentava e eu pensei que um pouco de água fria talvez fosse bom. Retornei para o divã, deitei e coloquei o lenço molhado sobre a cabeça. Eu permaneci algum tempo imóvel sentindo a cabeça latejar. Eu continuei deitado no divã segurando o lenço molhado na testa. Deveria ser por volta de sete horas e o dia escurecia. Eu levantei na penumbra do apartamento, caminhei alguns passos e deitei de bruços na cama. A dor de cabeça aumentava e eu sentia que não era possível aguentá-la por longo tempo. Levantei novamente da cama, dei alguns passos na penumbra do apartamento segurando o lenço molhado na cabeça, e deitei novamente de bruços na cama. A cabeça doía mais violentamente quando eu me movimentava. Permaneci imóvel deitado de bruços na cama e depois de algum tempo eu gemia baixo e num ritmo lento. Levantei novamente, fui até a janela e permaneci olhando o pátio interno do edifício onde um carro se movimentava estacionando junto à parede. Do outro lado do muro, no pátio de outro edifício três crianças corriam atrás de um cachorro. Eu sentia um gosto de bife na boca e pensei que seria melhor eu escovar os dentes para tirar aquele gosto. Remexi na mala e encontrei a minha escova de dentes. Eu entrei no banheiro, acendi a luz e abri a portinhola do espelho e espremi a pasta de dentes sobre a escova. Eu permaneci algum tempo olhando o orifício escuro por onde escapava a água na pia e segurando a escova de dentes na mão direita. Eu sentia enjoo, mas permaneci algum tempo hesitando. Fui até a porta do banheiro e depois voltei para o lugar anterior e fiquei olhando o esmalte branco da pia e segurando a escova de dentes na mão. Eu sentia novamente o gosto de bife na boca e náuseas. Eu coloquei a escova de dentes na pia e depois voltei-me de frente para a privada. Eu inclinei o corpo na direção da privada e expeli um jorro de vômito pela boca e pelo nariz. Eu me ajoelhei junto à privada e permaneci com o rosto diante da privada vomitando forçado por contrações bruscas do estômago. Eu já não possuía nada no estômago para vomitar, mas eu permanecia ajoelhado e sofrendo espasmos do estômago, que subiam até a garganta. Eu sujei a borda da privada de vômito onde eu distinguia fragmentos misturados no líquido espesso de carne. Eu arranquei o papel higiênico do rolo e limpei a borda da privada e o chão. Em seguida levantei-me e apertei a válvula da privada e o vômito e o papel higiênico desapareceram num mesmo estrondo de água. Eu senti um cheiro amargo de vômito no banheiro, e inclinei a cabeça na pia, abri a torneira e lavei a boca esfregando o dedo entre as gengivas. Soprei o nariz e dele saíram partículas de vômito que em seguida desapareceram no pequeno redemoinho de água formado pela pia. Tocaram a campainha do apartamento, eu fui atender e era o ator Burt Lancaster. Burt disse que iria ao cemitério visitar o túmulo de Marilyn Monroe, e perguntou se eu não queria ir. Eu e Burt descemos, entramos no Oldsmobile e descemos na frente do cemitério. Eu e Burt Lancaster entramos no cemitério atravessando o portão de ferro. Eu entrei nas alamedas à direita, mas não me recordava exatamente onde estava situado o túmulo de Marilyn Monroe. Burt caminhou à frente e eu fui seguindo os seus passos. Burt parou diante do túmulo e eu olhei para o túmulo. Eu disse para Burt que o túmulo não parecia de pedra, mas de cimento polido. Eu olhei para o canto da pedra e vi flores encostadas na laje. Burt interrompeu o silêncio, sorriu e disse que existia lugar para mim no túmulo. Eu olhei através da grade e disse que caberiam seis, e que ele também teria lugar. Eu e Burt Lancaster descemos a alameda do cemitério e dobramos à esquerda. Eu e Burt estávamos aguardando um certo tempo para voltar. Eu e Burt subimos a alameda do cemitério, atravessamos o portão de saída e entramos na praça. A avenida central estava tomada por uma multidão de ambos os lados, que olhava de tempos em tempos para o fundo da avenida. Eu pensei que poderia ser uma corrida de bicicletas e que a multidão estava aguardando os corredores aparecerem no fundo da avenida. Eu fui até o estúdio da Columbia, encontrei o cantor Frank Sinatra e perguntei a ele se Marilyn Monroe tinha retornado. Frank Sinatra desenhou no papel um mapa, o nome da avenida saindo da praça central da cidade, e o nome do pai, da mãe e dos irmãos. No outro dia eu tomei a resolução de ir à pequena cidade do interior do estado e procurar por Marilyn Monroe. Eu acordei e não sabia as horas, mas pela altura do sol que entrava na área de serviço do apartamento eu calculei que passava das dez horas, e que eu não iria chegar pela manhã à casa da mãe de Marilyn. Quando eu desci do apartamento perguntei para o zelador as horas e ele me informou que eram onze e trinta. Caminhei alguns passos e voltei para o apartamento. Eu tinha esquecido o mapa desenhado por Frank Sinatra, que serviria de orientação para eu encontrar a casa. Eu desci do elevador com o mapa no bolso e fui para a cidade. Eu atravessei a estação entre a multidão e os mendigos e entrei no subway que deveria me levar até a pequena cidade do interior do estado. O subway se movimentou depois de algum tempo e seguiu as ruas do cais do porto e mergulhou no túnel que penetrava no solo. O subway parou e as pessoas que se encontravam dentro dele desceram. Eu desci do subway, caminhei alguns passos e entrei na praça rodeada por pequenas lojas e casas baixas. Eu retirei o mapa desenhado por Frank Sinatra e perguntei para o rapaz da loja de tecidos onde ficava a Avenida União. O rapaz disse que eu deveria atravessar a ponte. Eu segui a avenida que saía da praça e algumas pessoas que se encontravam no bar olharam para mim. Eu atravessei a ponte que passava sobre um riacho e procurei me lembrar do portão da casa da mãe de Marilyn Monroe. Eu me lembrava da casa com algumas árvores na frente e uma grade de madeira. Um rapaz entrava numa casa e perguntei se ele não sabia onde morava Marylin Monroe, eu consultei o mapa dado por Frank Sinatra e disse o nome do pai, da mãe e do irmão de Marilyn. O rapaz apontou para o lado e disse: "A casa de portão de ferro". Eu parei à frente da casa de portão de ferro e uma menina que estava no jardim da casa vizinha disse que iria chamar a mulher. Eu vi uma mulher gorda aparecer no fundo da casa e eu pensei que poderia ser a mãe de Marilyn. Eu entrei e falei que Frank Sinatra disse que Marilyn Monroe tinha voltado. A mãe de Marilyn respondeu que Marilyn esteve dois meses fora e que havia voltado. A mãe de Marilyn me convidou para entrar falando com uma voz calma e lenta que Marilyn havia saído. Eu entrei na sala e a mãe foi para o fundo da casa e logo em seguida apareceu a irmã de Marilyn Monroe. A irmã disse que estava diferente e sentou na poltrona. A irmã estava um pouco gorda e o vestido leve caía no seu corpo. Eu olhei para a aliança e perguntei se ela tinha casado. A irmã de Marilyn respondeu que casou no início do ano. Eu, a irmã e a mãe de Marilyn permanecemos em silêncio alguns instantes e eu perguntei se Marilyn iria demorar. A irmã de Marilyn disse que ela deveria estar voltando, e em seguida perguntou se eu estava trabalhando em cinema. Eu respondi que eu tinha abandonado o cinema. Eu, a irmã e a mãe de Marilyn Monroe continuamos conversando lentamente e estendidos nas poltronas como se nós estivéssemos cansados e tranquilos. Depois de algum tempo a irmã de Marilyn levantou-se bruscamente da poltrona e disse: "É ela", e foi para a porta. A irmã de Marilyn cobriu a porta com o corpo e trocou algumas palavras com Marilyn Monroe. Marilyn entrou e sorriu para mim. "Hei!...", emitiu ela e sentou ao meu lado. Marilyn mantinha a mesma infantilidade inocente e eu olhava para o seu corpo e o seu rosto. Ela perguntou quando eu iria voltar. Eu respondi que iria voltar no início da semana. Ela disse que iria me procurar em Hollywood. Eu dei o telefone do apartamento de Burt e o meu endereço. Ela tomou nota no caderninho e disse que iria me procurar. A irmã e a mãe de Marilyn tinham ido para a cozinha e eu disse para Marilyn que Frank Sinatra havia dito que ela tinha retornado. Marilyn respondeu que esteve fora dois meses e que foi muito bom para ela, e que ela dormiu dois meses. Marilyn falava baixo e a sua voz era tênue e infantil. Depois ela disse que saiu para dar uma volta com Burt e depois ela tinha de voltar, mas ela não se recordava qual era o caminho, e que ela teve de fazer um grande esforço para se recordar. A voz de Marilyn soava frágil e eu procurei mudar o tom da conversa perguntando por Joe Di Maggio. Marilyn respondeu que ele estava estudando psicologia. Marilyn sorriu e disse que ela havia recebido um cartão postal de Di Maggio. Marilyn depois falou da irmã que havia casado no início do ano e tinha perdido um filho. A mãe de Marilyn entrou na sala e falou das telhas que estavam sendo colocadas. Marilyn disse que a casa da irmã que casou estava quase pronta e que depois ela iria me mostrar. A mãe entrou para a cozinha e instantes depois estava de volta comentando com a filha sobre a casa que estava sendo construída. A mãe falava do preço das telhas, e a irmã de Marilyn dizia que eram muito caras. A mãe de Marilyn respondeu que as telhas eram da melhor qualidade. Marilyn levantou-se da poltrona, foi até o espelho e retirou o lenço que estava envolvendo os seus cabelos. Marilyn soltou os cabelos diante do espelho, escovou os cabelos alguns instantes e depois perguntou se eu queria ver a casa da irmã. Eu me levantei e ela entrou no quarto dela dizendo que iria trocar as sandálias. Eu entrei no quarto de Marilyn e ela abriu o guarda-roupa e disse que as minhas fotografias estavam pregadas ali, e que ela retirou para pregar aquele papel. Eu disse que gostava do seu quarto enquanto ela colocava as sandálias. Ela disse que a sua irmã antes de casar dormia naquele quarto, mas que agora o quarto era só dela. Eu e ela saímos do quarto, entramos na sala, descemos a escada e atravessamos o jardim. Marilyn abriu o portão de ferro e deu lugar para que eu passasse. Eu e ela caminhamos alguns passos e ela apontou para uma casa dizendo: "É aquela!" Era uma casa de um andar sendo construída; o telhado já estava pronto, e faltava a pintura das paredes. Eu e ela atravessamos o portão, subimos três degraus e entramos na sala. Nos cantos das paredes estavam colocadas tábuas, latas de tinta, canos e sacos de cimento. Ela entrou no quarto e eu a seguia. As janelas do quarto estavam fechadas e o quarto estava somente iluminado pela luz que entrava através da porta. A irmã de Marilyn e o seu marido já dormiam naquele quarto. Sobre a cama de casal estavam as cobertas; e os armários junto das paredes, uma penteadeira com um grande espelho e três ou quatro bibelôs, sobre uma cadeira algumas roupas de mulher. Eu e ela saímos do quarto na penumbra e fomos para a cozinha. O pedreiro que estava sobre o telhado olhava para nós de cima através das telhas não colocadas. Marilyn Monroe saudou o velho pedreiro e em seguida apareceu um outro mais jovem entrando na cozinha. Eu apertei a mão larga e grossa do pedreiro enquanto Marilyn perguntava quanto tempo iria demorar para cobrir aquela parte da cozinha com telhas. O velho, que estava em cima, respondeu que no dia seguinte o telhado estaria pronto. Marilyn falou qualquer coisa a respeito da janela da cozinha que era muito pequena e perguntou para o velho, que estava sobre o telhado e olhava para baixo, se não iriam trocar aquela janela. O velho respondeu que a janela seria no banheiro. No banheiro só apareciam canos saltando para fora das paredes que ainda não tinham sido pintadas. Eu e ela voltamos para a sala e eu comentei algo a respeito do quarto de casal e nós entramos no quarto. Eu a abracei na penumbra do quarto e beijava seu pescoço. Eu sentia o seu corpo longo junto ao meu, e eu segurei o rosto de Marilyn e beijei a boca. A boca de Marilyn era terna e nós nos beijamos. A minha boca tocou na dela várias vezes e eu olhei para o rosto dela de perto, que parecia o rosto de uma criança perguntando alguma coisa. Eu disse que a amava muito. Ela continuava abraçada a mim como se estivesse com um espanto infantil por eu estar abraçado a ela. Nós permanecemos alguns instantes apertando um corpo contra o outro na penumbra do quarto e depois nós voltamos para a sala. Eu percebi que ela estava imersa em si mesma e não sabia o que fazer. Ela indicou a tábua estendida sobre os sacos de cimento e pediu que eu sentasse. Eu abri o meu lenço e ela sentou sobre ele e eu sentei ao lado dela. Ela segurava a minha mão mantendo a cabeça inclinada e o mesmo espanto infantil. Eu acariciei a mão de Marilyn e disse que gostava da fragilidade das suas mãos. Depois ela levantou a cabeça e permaneceu olhando a rua através da porta entreaberta. Ela estava absorvida em si mesma e ela parecia estar querendo fazer qualquer coisa e não sabia o que fazer. Ela continuava apertando a minha mão entre os dedos e depois se levantou bruscamente como se tivesse despertado de sua dispersão e disse: "Vamos". Eu levantei e eu e ela saímos da casa. Eu perguntei se ela queria me ver e ela respondeu que sim. Eu entreguei um papel em que estava marcado o meu endereço e nós entramos novamente na casa da mãe de Marilyn atravessando o portão de ferro. Eu saí no jardim da casa de Marilyn Monroe, que se encontrava deitada na cama ao lado de sua mãe. Marilyn chorava se lamentando com a sua mãe de algo que eu tinha feito. E eu continuava no jardim da casa olhando para as altas barras de ferro que dividiam o jardim da rua e onde se colocava a multidão de mortos furiosos comprimida junto às grades. Todos os mortos gritavam para mim e fechavam os punhos na minha direção. As barras de ferro vergavam sob o peso da multidão de mortos. Marilyn continuava chorando na cama nos braços da mãe. Eu vi a mãe tentando consolar a filha beijando o seu rosto. Eu estava no jardim e a multidão de mortos continuava gritando de punhos cerrados do outro lado da grade. Eu vi uma luz saindo do interior da casinhola como se alguém estivesse abrindo uma porta. Eu recuei alguns passos e apareceu o cirurgião de avental branco espreguiçando-se e bocejando como uma criança. O médico erguia os braços e colocava os dois punhos na boca, que se abria para dar enormes bocejos. O médico levava aquele ar infantil e inofensivo, e demonstrava ainda estar sonolento. O médico acendeu a luz e eu vi no fundo o extenso frigorífico de hibernação envidraçado e os blocos suspensos de cadáveres congelados de onde saíam os tubos coloridos. Eu entrei novamente na casa da mãe de Marilyn, e Marilyn estava sentada na cadeira de balanço e ela aparentava a mesma paz. Os seus braços estavam repousando na cadeira e eu ouvia a sua voz lenta e suave dizendo para mim que ela continuava na mesma vida de sempre; ir ao cinema aos domingos e assistir à televisão; e a família continuava a mesma. O pai de Marilyn Monroe, que estava sentado do outro lado da mesa, dizia para mim, sorrindo e comovido, que eu era bem recebido na família e que todos se sentiam felizes de me ver. Eu olhei novamente para Marilyn e ela estava sentada na cadeira de balanço; e foi nesse momento que o médico da família, um senhor de bigode, óculos e terno, se aproximou segurando uma seringa de injeção entre os dedos. Marilyn Monroe levantou-se e acompanhou o médico até a despensa, onde se guardavam alimentos e latarias, e fechou a porta. O pai de Marilyn não falava do outro lado da mesa, mas mantinha o mesmo sorriso e o mesmo olhar terno na minha direção. Eu passei a ficar inquieto com o aparecimento do médico e a injeção que Marilyn deveria estar tomando na despensa. Eu perguntei a mim mesmo se seria algo grave; e pelo excesso de resignação por parte do pai de Marilyn e por parte de Marilyn, eu pensei que deveria ser algo grave. Mas Marilyn parecia pretender provocar essa inquietação em mim, e eu pensei que poderia ser uma mera representação de algo grave que estaria acontecendo com Marilyn Monroe. Marilyn apareceu em seguida sonolenta e abotoando a blusa. Eu não conseguia ver o rosto de Marilyn Monroe na penumbra da sala iluminada pelo vídeo da televisão. Marilyn disse que havia tomado a injeção para dormir, e que no dia anterior não tinha tomado a injeção e acordou várias vezes durante a noite. Marilyn disse que estava com frio e pediu à sua mãe que fechasse a janela; mas a sua mãe respondeu que estava com muito calor e que ela deveria estar com febre. Eu não sabia o que fazer e esperava o programa de televisão terminar. A mãe de Marilyn comentou sobre a cantora que desceu uma escadaria entre a orquestra e parou ao microfone. O programa de televisão continuou com mais cantores, enquanto Marilyn falava numa voz melancólica frases curtas dizendo que ela precisava comprar outra caixa de injeções e que a injeção havia terminado. Depois o programa de televisão terminou e entrou a propaganda comercial. Eu, a mãe de Marilyn e Marilyn permanecíamos em silêncio e de tempos em tempos um ou outro comentava o que acontecia na tela da televisão. Depois entrou um filme em série e Marilyn Monroe disse que iria preparar um chá. Marilyn foi para a cozinha e eu a acompanhei. A cozinha estava iluminada e eu pude ver o rosto e o corpo de Marilyn. Marilyn acendeu o fósforo e aproximou a chama do fogão a gás. Eu vi a mão de Marilyn tremer um pouco e o seu rosto de criança estava contraído. Eu comecei a me sentir mal, e Marilyn estava indefesa e frágil, e eu não me propunha a ajudá-la, mas somente desejava que ela ficasse ao meu lado naqueles dias. Ela perguntou quando eu iria voltar. Eu respondi que eu poderia voltar qualquer dia, e que eu somente permaneceria se ela estivesse ao meu lado. Ela continuava imersa em si mesma e disse que estava com dor de cabeça e que talvez fosse a injeção para dormir. Depois ela falou numa voz tênue que tinha medo de sair de casa. Ela retirou o chá do fogão e eu perguntei se ela iria para a cidade um outro dia. Ela respondeu que iria quinta-feira. Eu rasguei um papel que eu levava no bolso e dei o meu telefone. Em seguida a mãe de Marilyn entrava na cozinha e Marilyn servia o chá no copo. Ela disse que não podia tomar chá depois de ter tornado a injeção para dormir, mas despejou um pouco de chá e engoliu. A mãe de Marilyn voltou para a sala comentando o filme da televisão e eu disse para Marilyn que iria embora. Marilyn estendeu a mão e eu beijei a palma da mão de Marilyn. Ela permaneceu algum tempo olhando para mim e depois eu entrei na penumbra da sala iluminada pelo vídeo da televisão. Eu me despedi e Marilyn Monroe disse que não iria me acompanhar porque estava com frio. Eu atravessei as árvores escuras e no portão de ferro estava o irmão de Marilyn. Eu me despedi do irmão de Marilyn e segui em direção à praça. Eu entrei na praça e ali morriam todos os meus parentes. Eu estava na ampla praça onde estavam as camas, e sobre elas a multidão de velhos agonizava em silêncio. Eu me aproximei de uma cama onde jazia o meu tataravô encolhido, e depois passei para a outra cama onde estava o meu bisavô. Uma quantidade infinita de camas onde estavam deitados e encolhidos os meus tios, tias, avós, bisavós, tataravós, pai, mãe, primos e um grande número de antepassados que eu desconhecia. A praça era preenchida por aquela multidão de velhos de duzentos, cento e cinquenta, cem, trezentos anos. E enquanto eu percorria as camas uma por uma e observava a cabeça encarquilhada dos meus parentes, eu percebi naquele instante que todos estavam morrendo. Um gemido geral e tênue escapava da boca dos velhos e depois todos morreram ao mesmo tempo. Alguém falava para mim que eu deveria fazer alguma coisa. Eu sorri para esse alguém dizendo que eu não entendia o que ele estava falando. Eu ria ao lado das camas porque achava divertida aquela morte coletiva de todos os meus parentes, e aquele alguém, que talvez eu conhecesse, mas naquele momento eu não recordava quem poderia ser, e aquele alguém dizendo que eu deveria fazer alguma coisa. Eu segui caminhando na estrada de terra vermelha cercada por uma vegetação verde quando eu vi ao longe uma mulher se aproximando. Era a Marilyn Monroe muito mais jovem de cabelos negros e coxas firmes e eretas. Eu parei diante de Marilyn, que olhava para mim como se fosse um homem qualquer, e eu via o corpo jovem de Marilyn, ela deveria ter dezesseis anos. Eu prossegui caminhando na estrada de terra vermelha cercada pela vegetação verde e espessa, e vi ao longe a pequena vila distribuída em torno de uma igreja situada no cimo do morro. Eu via os telhados vermelhos das casas uns sobre os outros e as paredes brancas marcadas pelas janelas escuras. Eu tinha estado naquela pequena cidade havia vinte anos, e era uma cidade de peregrinação a uma santa. Os camponeses de pele queimada pelo sol subiam a rua que terminava nas duas torres da igreja. Na sombra das calçadas velhos e velhas vendiam terços, imagens, santinhos, velas. Eu entrei numa das ruas da pequena cidade e vi saindo da escola um grande número de meninas. Todas elas estavam alegres e vestidas com um uniforme azul. Eu fui envolvido pelo grande número de adolescentes que riam e falavam alto passando ao meu lado. Entre elas eu encontrei Marilyn Monroe, que eu não via havia muito tempo. Os cabelos longos de Marilyn Monroe caíam nos seus ombros e ela sorria ao lado de suas colegas, que carregavam livros, e apontava para mim. Eu me senti constrangido, mas procurei me envolver naquela alegria adolescente e infantil. Eu abracei Marilyn e senti aquele corpo frágil semelhante ao de uma criança. Depois eu continuei caminhando na direção da igreja, e entrei na rua de casas velhas e baixas. Depois que eu me encontrava novamente na estrada de terra vermelha cercada pela vegetação espessa e verde, e eu olhava para o meu paletó, no qual apareciam alguns fios de cabelos lisos e longos. Eu reconheci como sendo os fios de cabelo que pertenciam a Marilyn Monroe. Eu entrei no meu quarto e eu estava dormindo na cama. O quarto estava escuro e abafado. Eu senti um grande mau cheiro, que eu não sabia se poderia vir da minha respiração. Eu me aproximei da janela e abri a janela. A luz e o ar da manhã entraram no quarto, mas eu continuava dormindo enquanto o mau cheiro acumulado durante a noite escapava pela janela aberta.

O bar estava quente e agradável, e eu mordia um hot-dog enquanto Marlon Brando conversava comigo. O bar era pequeno e os homens e as mulheres se amontoavam ruidosamente junto ao balcão comendo, bebendo e conversando. Eu saí do bar e entrei na avenida beira-mar. Eu via a praia escura e o mar escuro. Um vento quente soprava do mar. Eu continuei caminhando na avenida beira-mar, e depois dobrei a esquina seguindo a grande fileira de edifícios. Quando eu atravessei a outra esquina eu percebi que a noite estava fria e uma neblina branca envolvia a luz dos postes. Eu voltei em sentido contrário e novamente senti o vento quente soprando do mar. Eu pensei que o frio e a neblina deveriam sair da terra, e o calor, do mar. Eu pensava que o calor todos os dias saía da terra, mas naquele dia era o mar que enviava calor. Eu parei na esquina entre os prédios mal iluminados pela luz dos postes e senti calor. Caminhei alguns passos e entrei na zona fria e coberta pela neblina. Eu voltei novamente para a quente e percebi que existia uma separação nítida entre a zona quente e a zona fria; eu caminhava alguns passos e transpunha como se fosse uma parede invisível a zona fria e entrava na zona quente. Depois de ter percebido que o calor escapava do mar eu resolvi retornar e dizer para o ator Marlon Brando que o mar estava emitindo calor. Eu voltei para a avenida beira-mar, abri a porta do bar e entrei. O grande número de homens e mulheres que se espremiam junto do balcão comendo e bebendo conversava ruidosamente. Eu me aproximei de Marlon Brando, tomei um gole da coca-cola do ator e disse que o mar estava emitindo calor. Eu e Marlon Brando saímos do bar para a praia escura e chovia forte. Eu e Marlon Brando olhamos para a luminosidade fraca da rua que atravessava as nuvens, e eu e o ator olhamos as nuvens transparentes e escuras atravessando a face luminosa da lua. Eu e Marlon Brando vimos as manchas na lua e a chuva forte que caía iluminada pela luz da lua. As nuvens transparentes continuaram a atravessar a face luminosa da lua, que permanecia imóvel no céu escuro; e naquele instante a lua se moveu girando e se aproximou da terra mostrando para mim e para Marlon Brando a sua esfera volumosa pontilhada de crateras. A camponesa recolhia flores do outro lado da mureta e estava mergulhada na água do mar até a cintura. A camponesa e o camponês olharam para mim e me entregaram uma flor amarela e grande. Eu apertei a flor na mão espremendo o excesso de água como se fosse uma toalha. Eu disse para a camponesa, que estava do outro lado da mureta mergulhada na água do mar, que a água estava quente. A camponesa olhou para mim, ela usava um lenço cobrindo o cabelo, e disse que a água do mar era quente e que eu sentia frio porque eu estava fora da água. Eu concordei com a camponesa, me despedi e me afastei da mureta e da camponesa e do camponês que colhiam flores no mar. Eu caminhava na calçada procurando apressar o passo e esquentar o corpo. Eu caminhava com um certo cuidado para não pisar na água que escorria pela calçada e pelas ruas. Depois eu passei com Marlon Brando na frente do supermercado e perguntei se ele não queria comer alguma coisa. O ator respondeu um não seco e decisivo e eu entrei no supermercado. Momentos depois eu retornava trazendo um pão doce. Eu parti o pão doce e vi que o pão era recheado com um creme amarelo. Eu comi um pedaço de pão doce recheado de creme e ofereci para o ator. Marlon Brando agradeceu segurando com a ponta dos dedos o pão doce, partiu um pedaço que veio acompanhado de creme e enfiou na boca. Eu e Marlon Brando caminhávamos na rua mastigando o pão doce recheado de creme e eu, no instante em que ia comer o último pedaço, perguntei para Marlon Brando se ele não queria. Marlon Brando repetiu o seu não seco e decisivo e eu fui obrigado a engolir o último pedaço de pão doce. Eu sentia a massa do pão doce enchendo o estômago e pensava que o pão doce era bom para matar a fome, mas que a digestão era difícil. Eu e Marlon Brando entramos no teatro para assistir, da primeira fileira, aos dançarinos hindus. A orquestra hindu tocava freneticamente ao lado dos dançarinos e o que tocava o tamborete repicava os dedos velozmente. Eu perguntei por Burt Lancaster, o ator de cinema, Marlon Brando respondeu que ele tinha ido embora. Marlon Brando acrescentou que Burt estava um pouco bêbado. Daquele lugar em que eu me encontrava eu não via perfeitamente os dançarinos hindus; eu somente conseguia enxergar uma parte da orquestra. Eu me levantei e fui sentar numa outra poltrona. Daquele lugar eu conseguia ver melhor os dançarinos e vi um deles abrindo as pernas até encostar no solo. O dançarino levava um turbante sobre a cabeça, o peito nu e umas calças turcas de seda. Quando eu saí do teatro eu vi o gigante parado diante do campo olhando o túnel que saía da montanha. Eu atravessei o túnel e olhei para o gigante. O gigante tinha a altura de um prédio de dez andares e se vestia como um camponês da Idade Média. Levava um chapéu de abas largas sobre a cabeça, um saco nas costas, calças de pano grosseiro e o sapato era amarrado por uma corda que subia prendendo a calça à perna. A camisa do gigante era cinza como a calça e era feita do mesmo tecido grosseiro. O gigante camponês se manteve imóvel e me observou sem curiosidade e observou a avenida que mergulhava no túnel. O gigante de dez andares de altura me pareceu inofensivo e eu fui para a cidade. Quando cheguei às ruas centrais eu vi que a cidade estava dividida em duas partes: uma formada pelas ruas e pelos edifícios, onde a multidão se comprimia, e outra formada por um campo verde e ondulado. Nesse campo estavam dois gigantes da altura do anterior, da altura de um prédio de dez andares, e eles estavam de calção, camiseta e chuteiras e jogavam futebol no campo ondulado que limitava a cidade. Um dos gigantes chutou a bola de futebol e depois parou um instante olhando para a cidade, onde se encontrava a minúscula multidão de curiosos. Os dois gigantes pareciam inofensivos como o anterior e pareciam estar preocupados em jogar futebol, e somente interromperam um instante o jogo para olhar para os espectadores, que eles, gigantes, deveriam estar pensando que a multidão estava interessada no jogo de futebol e não no tamanho dos gigantes. Eu ouvi um dos curiosos que observavam os dois gigantes jogando futebol dizendo que eles vieram de Brasília, a capital do Brasil, e que deveriam chegar mais gigantes vindos de Brasília dentro de alguns dias. Eu pensei que os gigantes deveriam vir a pé, e que a distância era grande de Brasília ao litoral, mas os passos dos gigantes deveriam ser mais amplos e cobrir uma grande extensão de estrada. Depois, eu não sei se a chegada dos gigantes foi um sinal anunciando que isto iria acontecer: a água quente começou a cobrir as ruas da cidade. A água quente batia nas paredes dos prédios e a multidão em pânico pisando na água. A multidão excitada corria desordenadamente espirrando água quente para os lados. A água quente cobriu o campo em ondas sucessivas e jorrou dos bueiros da cidade. Eu corri no meio da multidão em pânico e mergulhei os pés na água quente. Eu era obrigado a correr levantando as pernas para não cair levado pelas correntes de água, eu senti os pés batendo na água quente e a água quente espirrando para os lados. Eu corri aterrorizado durante algum tempo entre a multidão em pânico e depois atingi uma avenida vazia coberta de água quente. Eu continuava mergulhando os pés na água e espirrando água para os lados e fugindo. A água quente da avenida atingia um palmo de altura e estava estabilizada como um lago. Depois de ter fugido em pânico algum tempo pisando e espirrando água quente para os lados eu senti que eu entrei no túnel e estava pisando no seco devido às batidas secas que eu ouvia dos meus passos batendo no cimento. O som dos meus passos correndo, e depois eu caí de peito no chão rasgando a minha camisa. A pavimentação do túnel era de cimento e estava perfeita, e a abóbada do túnel estava iluminada pela luz branca embutida no teto curvo e revestido de azulejos brancos. Eu me levantei e continuei correndo no interior do túnel e eu fugia da invasão da água quente, e eu continuava correndo e ouvia as batidas secas e rápidas dos meus passos, que batiam na laje de concreto que pavimentava o túnel. Quando eu saí correndo do túnel e a luz do sol me ofuscou os olhos,

Marilyn Monroe corria ao meu lado. Eu e Marilyn Monroe fugimos e entramos na estrada. A pequena estrada circundava o morro redondo e verde, e eu ela corríamos. Nós continuamos correndo e terminamos a estrada asfaltada e entramos numa estrada estreita de terra cercada de folhagens. Eu ela corremos levantando as pernas e elevando os pés, e corremos um ao lado do outro. Eu e Marilyn fugimos e atravessamos correndo o bosque de eucaliptos, e corremos nos caminhos da plantação de arroz. Eu e ela corremos e chegamos à encruzilhada da estrada, onde nos esperava infantilmente Brigitte Bardot de calcinha. Eu e Marilyn paramos ofegantes e enquanto Marilyn tomava informações para onde fugir, eu olhava para a calcinha transparente de Brigitte e vi os pelinhos do seu sexo. Brigitte Bardot apontou para uma das estradas olhando para frente. Eu e Marilyn corríamos fugindo um ao lado do outro. Eu e ela descemos a estrada que atravessava a colina e vimos primeiro a casa de paredes brancas e as janelas altas, e do outro lado da pequena ponte a longa praia que se estendia em curva cercando a ilha e o mar plano e horizontal. Eu e ela atravessamos a ponte sobre o rio e olhamos para a esquerda e vimos o rio saindo entre as árvores e descendo das montanhas cobertas pela espessa mata. Eu e Marilyn Monroe caminhamos na estrada e entramos na praia e depois no mar plano. A água do mar se confundia com a água do rio que descia da montanha e eu e ela sentimos os volumes de água quente e os volumes de água fria. A água fria deveria ser do rio que descia a encosta verde e azul das montanhas. Eu e ela pisamos no barro quente e pegajoso do fundo do mar e caminhamos duzentos metros com a água até a cintura, e sentindo nas pernas os blocos de água quente e os blocos de água fria, que se isolavam formando a mesma superfície do mar plano. Eu e ela vimos a ilha coberta de vegetação se elevando acima da água do mar e a faixa de areia. Eu flutuei o corpo me mantendo na horizontal e eu e ela nadamos lentamente na direção da ilha. Eu e ela atingimos a ilha e pisamos na praia formada de minúsculos fragmentos de concha. Ela caminhou alguns passos e recolheu três caramujos e duas conchas. Depois nós entramos novamente na água do mar coberto de uma camada de barro quente e pegajoso. A água batia na minha cintura e os blocos de água quente e fria continuavam a passar entre as minhas pernas. A estrada e a praia marcavam ao longe a curva do mar, e mais distantes as montanhas azuis e as nuvens brilhantes cercavam a enseada. Marilyn Monroe se aproximou nadando e se colocou de pé me abraçando o ombro. Eu segurei a alça do biquíni, e ela tirou o biquíni. Ela nadava nua em torno de mim e eu via as suas costas brancas e as nádegas. Depois ela virou o corpo e deitou de costas no mar e eu permaneci segurando a sua cintura enquanto o triângulo de pelos entre as suas pernas flutuava oscilando com o movimento da água. Os longos cabelos mergulhados na água movimentavam-se lentamente como as algas. Eu tirei o maiô e nadei ao lado dela. Ela parou de nadar e ficou de pé com o par de seios acima do nível da água. Ela disse que sentia os pés mergulhando no barro pegajoso e quente e que era bom. Depois eu e ela nos abraçamos e permanecemos esfregando um corpo no outro. Ela elevou o corpo e me abraçou com os braços e as pernas. O meu sexo tocava no sexo dela e depois eu senti que eu estava me introduzindo dentro dela e eu sentia a pressão morna do sexo dela envolvendo o meu sexo. Eu e ela permanecemos oscilando o corpo e a água batia na minha cintura, e os cabelos dela oscilavam mergulhados na água. Ela inclinava a cabeça para trás com as pernas e os braços presos no meu corpo e eu via o rosto e os cabelos dela recortados no azul brilhante do céu. Eu e ela nos debatemos e depois eu senti escapar do meu corpo o meu líquido e senti na ponta dos dedos, nos braços e nas pernas que a minha força escapava através do meu sexo. O corpo de Marilyn Monroe se ajustou ao meu e os cabelos louros se introduziram nos meus cabelos e prenderam a minha cabeça. A união continuou e eu preguei a minha boca à boca de Marilyn e ela introduziu a sua língua entre os meus dentes e eu introduzi a minha língua na sua boca úmida. Eu esmagava o meu rosto de encontro ao rosto de Marilyn, e ela me abraçou retendo o meu corpo com os seus braços, que me envolviam e mantinham o meu peito colado aos seios de Marilyn. Depois eu senti o meu sexo rígido e pontiagudo penetrando na vagina úmida de Marilyn, e a sua barriga estreitamente unida à minha e a sua vagina retendo e apertando o meu membro, e depois as suas duas pernas me envolveram e o meu corpo se contraiu aderindo ao corpo de Marilyn e eu e ela gemíamos de dor e prazer. Depois eu e ela permanecemos fatigados e imóveis, um preso ao outro no centro do mar, e ao longe a curva da praia, a estrada, a ponte, as montanhas, as nuvens brancas e brilhantes, a pequena ponte, a ilha, e o mar plano. Eu e Marilyn Monroe abandonamos o mar e entramos na praia tomada pela multidão ruidosa de banhistas. Eu e Marilyn nos introduzimos entre os guarda-sóis coloridos e os banhistas estendidos na praia e deitamos na areia. As ondas de quarenta metros de altura arrebentavam violentamente no alto do mar e batiam na praia. O grande volume de água se despejou com um estrondo espirrando espuma e avançando na direção da praia. Um grande número de banhistas se encontrava na praia tomando banho de sol e quatro garotos saíram do mar carregando as suas pranchas de surfe e uma vaga de trinta metros de altura arrebentou e avançou girando e varrendo toda a extensão da praia. A imensa massa de água fustigou a areia e continuou veloz percorrendo a praia no sentido perpendicular às ondas que estouravam no alto-mar e avançavam contra a praia. A gigantesca onda transportou os garotos, as pranchas girando, guarda-sóis coloridos, bolas e banhistas, e varreu a praia violentamente. Ao longe, onde as ondas quebravam e deslizavam espumando em faixas sucessivas desaparecendo na areia, eu vi o reflexo da luz do sol. O sol estava encoberto por nuvens transparentes e eu vi um disco prateado sem brilho. Eu olhei novamente para o mar e o reflexo do sol chamava a atenção dos banhistas que se encontravam na praia. O reflexo do sol era uma imagem igual à do sol, e o movimento das ondas não quebrava o disco brilhante. Ao redor do reflexo do sol formou-se uma pequena clareira onde as ondas não se introduziam. Depois de algum tempo eu e a multidão de banhistas reconhecemos que não era o reflexo do sol, o sol se achava encoberto pelas nuvens, mas uma enorme gema branca e brilhante. A gema branca e brilhante que flutuava na água do mar sofreu espasmos e enviou radiações produzindo efervescência num outro círculo que envolvia a gema. Eu e a multidão de banhistas que se encontrava na praia nos sentimos aterrorizados com os espasmos da gema branca e brilhante, mas permanecemos observando o crescimento gradativo e lento da gema que flutuava na água do mar. A gema branca e brilhante sofreu um espasmo mais violento e cresceu de tamanho enquanto o círculo de água em sua volta fervia. A multidão de banhistas recuou em pânico na direção da avenida e eu e a multidão corremos desordenadamente introduzindo-nos nas ruas entre os edifícios. Eu e Marilyn Monroe corremos e montamos na motocicleta deslizando pela superfície da avenida, que estava coberta por uma película de água. A motocicleta deslizou veloz na película de água e eu e Marilyn de instante a instante voltávamos a cabeça na direção das duas imensas ondas que avançavam para cobrir a cidade. Eu via a fachada dos edifícios e os postes desaparecendo para trás, e a motocicleta avançando veloz sobre a película de água que cobria a avenida. A película de água terminou e a motocicleta diminuiu a velocidade raspando no asfalto e parou. Eu olhei para trás, Marilyn Monroe não estava comigo, e continuei correndo. Eu corria fugindo em pânico na avenida como se estivesse pretendendo manter o impulso e a velocidade da motocicleta. Eu continuei correndo pela avenida sem olhar para trás, eu lançava as pernas para frente e corria.

Eu e Marilyn Monroe entramos na sorveteria e depois ela saiu segurando o copinho de sorvete com a ponta dos dedos. Eu e Marilyn entramos na praça e sentamos num dos bancos sob a sombra da árvore e permanecemos conversando sobre o filme que ela estava fazendo, enquanto ela tomava o sorvete. Marilyn sorriu e olhou para mim. Eu olhei para Marilyn e depois olhei para onde ela estava olhando. Uma mulher grávida de oito meses, de ventre estufado e andar lento, entrava na praça seguindo uma menina de três anos que brincava na grama. Eu sorri para Marilyn e ela jogou o resto do sorvete na grama, lambeu os dedos e permaneceu com as mãos elevadas e os dedos separados. Ela disse que precisava lavar as mãos. Eu a conduzi até um bar e Marilyn Monroe lavou as mãos, e voltou. Eu e ela paramos em silêncio um à frente do outro na esquina e Marilyn perguntou se eu não queria esperá-la na praia. Eu disse que a esperaria na frente do prédio. Ela entrou no prédio, e saiu em seguida. "Você não quer subir?", perguntou ela numa voz fraca. Eu segurei na mão de Marilyn Monroe e entrei no prédio abrindo a porta do elevador. Eu e ela subimos, saímos do elevador e ela disse que eu esperasse. Instantes depois ela estava de volta com um envelope na mão. Eu e Marilyn entramos no elevador, a porta se fechou automaticamente, eu abri o envelope e tirei a folha de papel onde estava datilografado: "Marilyn Monroe: Diagnóstico precoce de gravidez. Reação de Gallo Mainini: "Positivo". Eu coloquei o papel dentro do envelope, coloquei o envelope no bolso e apertei o botão térreo do elevador. O elevador desceu com chiado e eu e ela saímos novamente à rua. Marilyn Monroe perguntou com uma voz fraca se o resultado não estaria errado. Eu e ela fomos caminhando para a praia, atravessamos a longa avenida e pisamos na grama de onde saíam as palmeiras. Eu e Marilyn Monroe pisamos na areia, caminhamos alguns passos mergulhando o pé na areia e depois eu e ela tiramos a roupa e ficamos de maiô. Eu deitei sobre ela e permanecemos longo tempo nos beijando mutuamente. Eu dizia que a amava e ela dizia que me amava. Eu e Marilyn permanecemos longo tempo rolando na areia e ela olhou para o lado e riu. Uma turma de sete ou oito garotos tinha formado uma espécie de observatório na areia para nos observar. Os garotos se escondiam atrás de uma espécie de trincheira de areia e olhavam através de um pequeno orifício entre uma prancha e a areia. Os garotos se revezavam entre si colocando os olhos na viseira do observatório. Os garotos entravam saltando nas ondas do mar e depois retornavam para o seu observatório construído na areia da praia. Eu e ela permanecemos nos divertindo e de instante a instante nos beijávamos mutuamente, eu acariciava a barriga e a perna dela e os garotos nos observavam através da viseira do observatório aberto na areia da praia. Depois eu e Marilyn Monroe permanecemos imóveis um agarrado ao outro, e os garotos saltaram para as ondas. Anoitecia lentamente e as nuvens vermelhas atrás das montanhas iluminavam o mar prateado e vermelho. Um grupo de três garotos se despediu ruidosamente dos outros e os outros cinco abandonaram em seguida a praia passando ao nosso lado carregando a prancha. O dia escureceu em seguida e eu via, deitado na areia escura, os prédios ao longe e a avenida iluminada. Eu e Marilyn Monroe permanecemos nos beijando e eu tirei o calção e ela tirou o biquíni. Depois Marilyn Monroe disse baixo que nós seríamos vistos na avenida. Eu perguntei se ela não queria ir atrás das dunas e Marilyn apontou para perto do mar. Eu e ela descemos a baixada de areia e nos aproximamos das últimas ondas que deslizavam na areia escura. Marilyn deitou na areia e eu deitei sobre ela. Eu sentia o seu corpo macio sob o meu e Marilyn Monroe me abraçava com as pernas e as mãos e dizia o meu nome alto. Ela disse que queria gritar e eu disse que ela poderia gritar que o ruído forte das ondas... ela gritou o meu nome várias vezes e depois eu e ela escorregamos na areia e permanecemos abandonados um ao lado do outro. Marilyn Monroe gemeu ao meu lado, levantou-se e eu e ela caminhamos apressados na praia. Eu olhei a barriga estufada e redonda e o rosto, que se contraía de dor, e Marilyn largou a minha mão e entrou gemendo no parque. Marilyn Monroe retirou o vestido e, por baixo, ela ainda levava a calcinha, e ela arrancou com dificuldade a calcinha e ficou nua abraçada à árvore. Ela gemia e contraía o rosto. Eu me aproximei, mas eu não poderia fazer nada naquele instante e se eu soltasse uma frase seria inútil. Eu vi a barriga branca e estufada de Marilyn Monroe e ela apertava a barriga contra a árvore. Marilyn Monroe se agarrou ao tronco com ambas as mãos, apoiou os dois joelhos na árvore e permaneceu suspensa e gemendo. Eu me ajoelhei junto ao sexo dela, que se projetava para baixo, e via que as contrações do sexo dela correspondiam ao ritmo dos gemidos. No sexo de Marilyn Monroe apareceu a cabeça da criança protegida por uma membrana. Escorria um líquido e eu procurava amparar a queda da criança quando ela se desprendesse do ventre de Marilyn Monroe. Ela continuou gemendo e realizando um grande esforço físico para expulsar a criança. A cabeça esférica protegida pela membrana brotou rasgando e abrindo o sexo de Marilyn. Eu uni as duas mãos formando uma concha pensando que a criança deveria cair naquele instante. Mas ela continuava gemendo e contraindo o ventre para expulsar a criança. Marilyn Monroe contraiu violentamente o corpo suspenso e soltou um grito enquanto a criança escorregava para fora caindo nas minhas mãos sujas de sangue e líquido. Marilyn levantou um pouco o corpo e comeu os figos silenciosamente como uma criança, e depois pediu mais água. Eu trouxe o copo, ela bebeu a água e eu depositei o copo na grama. O parque estava imerso na penumbra e a luz dos postes iluminava as árvores. Eu a beijei várias vezes no rosto, e perguntei se ela queria dormir. Ela movimentou a cabeça levemente num gesto afirmativo, fechou os olhos, e encolheu o corpo. Eu me encostei na árvore e permaneci imóvel ao lado dela. Ela resmungou uma frase e eu me aproximei do seu rosto para ouvir o que ela dizia de olhos fechados. Ela repetiu numa voz tênue que eu não deveria deixar que ela dormisse até tarde. Eu soltei um urro de dor quando minúsculos fetos de orelhas triangulares e dentes pontiagudos saíam correndo da fenda aberta da minha barriga. Eu agitei o corpo gritando de dor e a multidão minúscula de fetos rosados e transparentes corria arreganhando os pontiagudos e afiados dentes. O ruído de ódio que a multidão de fetos produzia correndo no meu corpo e me mordendo formava um grande tumulto, e eu gritei saltando para cima e batendo com as mãos nos ferozes fetos que me mordiam. Os minúsculos olhos vermelhos dos fetos brilharam, e eles correram uns por cima dos outros fazendo uma enorme algazarra. Eu bati com as mãos e pisei com os pés os corpos moles e rosados de quatro centímetros de altura, e a velocidade e o grande número de fetos transparentes de dentes pontiagudos correndo uns sobre os outros e mordendo o meu rosto. Primeiro eu vi sair de seus pés nus, que estavam sobre o asfalto da avenida, as raízes que fraturaram o asfalto e se introduziram no solo. Os pés brancos da atriz lançaram raízes no asfalto e naquele instante ela soltou um horrível grito. Marilyn Monroe agachou sobre os joelhos, abriu as pernas e lançou um horrível lamento, e de sua vagina vermelha escapou em grandes hordas o exército de fetos. A multidão minúscula de fetos abandonou o útero de Marilyn Monroe armada de lanças e espadas. Os fetos rosados de dez centímetros de altura corriam uns sobre os outros nos cantos das lojas e entravam nos bueiros da avenida. Marilyn Monroe jorrava multidões de fetos rosados e vermelhos, que deslizavam encolhidos pelas ruas e subiam uns sobre os outros e cobriam homens e mulheres destruindo-os com os seus afiados dentes. O jorro de fetos na vagina de Marilyn aumentou e a minúscula multidão verde e transparente subiu nas paredes dos prédios. Depois os gemidos silenciaram e eu vi as amplas coxas de Marilyn, que se elevavam a muitos metros acima da minha cabeça, cobertas de pequenas gotículas de suor. Dos lábios vermelhos e moles escorria uma grande quantidade de líquido transparente e pegajoso. Eu vi o enorme sexo se abrir e surgiu uma esfera vermelha com um orifício no centro. A cabeça vermelha e úmida pulsava violentamente, a esfera vermelha era a ponta do útero de Marilyn Monroe. O útero continuou a pulsar e sair fora dos gigantescos lábios vermelhos e úmidos, e o útero crescia esférico entre as altas coxas de Marilyn. O imenso útero se abriu no orifício e passou a envolver esfericamente os pés de Marilyn. Eu me encontrava entre as altas coxas de Marilyn Monroe e já estava coberto pela imensa abóbada vermelha que naquele instante envolvia o corpo de Marilyn. O útero de Marilyn continuava a crescer e me envolvia juntamente com o corpo de Marilyn. Eu fugi descendo a estrada e eu vi do outro lado da colina o herói Di Maggio seguido de um grande número de homens e mulheres armados de foices, facas, metralhadoras, fuzis. Eu e Di Maggio avançamos correndo seguidos da algazarra dos nossos dois exércitos unidos. Eu e Di Maggio corríamos no asfalto da estrada seguidos pela multidão caótica e feroz que gritava às nossas costas. Os dois exércitos corriam unidos e todos brandiam suas facas, navalhas, foices, bazucas, martelos, tacapes; e aqueles que vestiam couraças provocavam um grande barulho de bater de ferros. Naquele instante nós estacamos e os que corriam à frente caíram sobre nós e formou-se uma grande montanha de homens e mulheres que vociferavam, e batiam suas lanças, couraças e fuzis. Eu e Di Maggio escapamos rastejando com dificuldade debaixo da imensa montanha humana formada pelos dois exércitos. Di Maggio irritado escapou mancando debaixo do bolo humano e caótico, e chutou os seus subordinados e rachou o crânio de três com o seu taco de beisebol. Eu gritava com os meus homens procurando manter a ordem, e puxava pelos pés aqueles que estavam embaixo da montanha humana, e comandados pelos nossos berros os dois exércitos desfizeram o bolo e reconstituíram suas armas e escudos espalhados na estrada. Naquele instante em que todos se refizeram do tombo, nós olhamos com horror para a imensa porta peluda que jazia à nossa frente, e os lábios úmidos e vermelhos. Eu e Di Maggio percebemos o perigo quando vimos que os nossos exércitos estavam encarcerados entre as altas coxas de Marilyn Monroe, e poderíamos ser esmagados se a atriz fechasse subitamente as pernas. Eu e o ágil atleta gritamos para os nossos exércitos e corremos fugindo para os pés de Marilyn Monroe. Quando nós atingimos os pés e ofegantes e confusos olhamos para o imenso corpo branco depositado na planície, eu, Di Maggio e os nossos homens vimos que a atriz dormia soprando para o alto o seu hálito quente. Eu retirei o meu binóculo do cinto e olhei para a porta peluda. Do interior da ampla vagina de Marilyn escaparam dois fetos transparentes escorregando nos lábios vermelhos e úmidos e agarrando-se aos grossos pelos saltaram para o solo, trocaram algumas frases entre si e depois um deles introduziu a cabeça entre os lábios moles e vermelhos e retirou uma bandeira branca. O feto transparente e rosado agitou a bandeira branca ao longe, e eu retirei o binóculo e disse para Di Maggio ao meu lado que os fetos queriam iniciar conversações para a paz. Di Maggio chamou uma negra que serviria de intérprete e nós três descemos a colina nos introduzindo entre as pernas de Marilyn Monroe. Quando nós atingimos os volumosos joelhos o vento soprava da porta peluda para nós e trazia o cheiro fétido de peixes em decomposição e animais mortos. Eu e o ágil atleta fomos obrigados a colocar as nossas máscaras contra gases, e a negra que servia de intérprete colocou a sua máscara e nós três nos aproximamos dos dois fetos. A negra falou algo na linguagem dos fetos, e os fetos transparentes e rosados responderam emitindo gritinhos finos. A negra falou para mim e para Di Maggio que o útero de Marilyn Monroe tinha interrompido a produção de fetos e que os fetos diziam que era inútil uma guerra. Eu respondi para a negra que servia de intérprete que nós aceitávamos a paz se os fetos permitissem uma inspeção interna do útero da atriz. A negra falou para os fetos balançando o tubo da máscara contra gases e depois os fetos davam pulinhos irritados, correram e se introduziram na vagina vermelha e peluda de Marilyn. Eu, Di Maggio e a negra corremos para os pés de Marilyn e nos unimos ao nosso exército, permanecendo atentos na floresta observando com os nossos binóculos a porta peluda. Di Maggio soltou um grande berro e nós avançamos correndo brandindo nossas armas. O nosso exército de homens e mulheres nos acompanhava no ataque, e todos formavam uma imensa gritaria, e as mulheres lançavam pedras, flechas, panelas, lanças, brandiam os seus garfos e metralhadoras, e os cães latiam raivosos correndo com a multidão. Quando o nosso exército atingiu os altos joelhos de Marilyn Monroe um jorro de fetos transparentes foi lançado para fora da enorme porta peluda e todos nós gritamos de medo e furor, e avançamos com ímpeto contra o inimigo. O exército lutava decepando as carnes transparentes e flácidas dos fetos e as mulheres berravam espetando com os seus garfos o pescoço dos fetos, e as granadas explodiam entre a multidão frenética, e todos nós lutávamos pisando corpos, e eu decepava fetos com a minha foice, e todos pulavam uns sobre os outros matando e esquartejando fetos, e o grande ódio dos fetos mordendo furiosos as pernas e os pescoços das mulheres e dos homens, e os fetos atacavam em grandes grupos dilacerando cães, homens e mulheres, e depois o atleta Di Maggio amassou cinco fetos com o seu taco de beisebol, e arrancou o feto que mordia o seu pescoço lançando-o no centro das mulheres, que esmagaram um grande número de fetos brandindo as suas panelas. E naquele instante nós lutávamos com o mesmo ímpeto inicial quando ouvimos o grande berro de Di Maggio, que gritava saltando para o alto. Di Maggio gritava que nós tínhamos vencido a batalha. Todos nós saltamos de alegria e nos abraçamos, homens, mulheres, cães, e eu interrompi a alegria e avancei empunhando a minha lança para transpor a porta peluda e fétida e espetar o útero de Marilyn. Eu corri em fúria gritando e segurando a minha lança quando fui derrubado pelo líquido fervente que esguichava da porta peluda. O poderoso fluxo de urina fervente espirrava para cima e o nosso exército fugia em pânico, e ao longe surgiu a imensa cabeça da cruel atriz Marilyn Monroe e a sua cabeleira de prata eriçada de furor. Eu fui jogado de encontro ao nosso exército e rolei levado pelo fluxo fervente que esguichava da porta peluda, e devastava homens, mulheres, cães, panelas, facas, metralhadoras e fuzis. E todos nós nos debatíamos na volumosa corrente de urina, que deslizava entre as montanhas e arrancava árvores, transportava cavalos e bois, e fendia os montes, rolando tudo num mesmo fluxo fervente. Quando a volumosa corrente de urina que arrastava tudo despejou o seu líquido fervente no rio eu bati de encontro a um tronco de árvore, e agarrei um dos galhos e montei extenuado no tronco. Eu fui sendo levado pela corrente do rio, e quando eu olhei em torno e vi os destroços e cadáveres flutuando soltei um longo gemido. Eu gemia chorando e vi a sombra de um helicóptero gravada na água do rio e levantei a cabeça. Uma corda com um laço descia do helicóptero e o meu amigo Harpo Marx acenava para mim buzinando. Eu me prendi ao laço, que caiu ao meu lado, e fui içado lentamente pelo helicóptero, e Harpo Marx me puxou para dentro da cabina e buzinava inquieto gesticulando de olhos arregalados. Eu bati com a cabeça na buzina dourada de Harpo Marx, e chorei gemendo de dor e desespero. Ao longe eu e o surdo-mudo Harpo Marx vimos aterrorizados a cruel atriz Marilyn Monroe de pé sobre a montanha, as amplas tetas e a sua cabeleira prateada. A gigantesca mulher nua encheu os pulmões e as bochechas de ar e soprou. O helicóptero sacudiu sendo levado pelo sopro de Marilyn Monroe, e eu e o meu amigo Harpo Marx fugimos no helicóptero para alto-mar.

Eu atravessei a borboleta do aeroporto e entrei no pátio. Uma multidão de adolescentes uivava nos terraços do aeroporto. Os cantores Beatles entraram no pátio saudando a multidão de adolescentes e depois os adolescentes invadiram o pátio cercando furiosamente os Beatles. Instantes depois os guardas conseguiram dispersar a multidão de adolescentes que gritava freneticamente e os Beatles entraram no grande jato. A aeromoça me cobriu de cobertores de lã e me serviu chá. Eu era o único passageiro além dos Beatles. Eles entraram cantando e tocando as suas guitarras elétricas e balançavam as suas longas cabeleiras. Eu me senti irritado, tossi três ou quatro vezes, cuspi no saco de plástico, e tomei um gole de chá. O jato internacional levantou voo e entrou no Oceano Atlântico e eu via embaixo o acolchoado de nuvens brancas interrompidas pelo mar escuro. Eu tomava um gole de chá quando vi ao longe nove arraias gigantescas voando a alta velocidade e mantendo uma formação triangular. Na primeira delas, uma arraia branca de asas gigantescas, Di Maggio estava montado levando o seu taco de beisebol. As arraias envolveram com os seus pontiagudos rabos munidos de serras o jato e o jato abriu ao meio. Uma das arraias gigantescas engoliu os Beatles e outra engoliu a mim. Eu estava no escuro sentado sobre a língua da arraia gigantesca e viajava a uma velocidade incrível. Eu ouvia o latejar da língua da arraia e o bater de asas. A arraia vomitou e eu caí no amplo terraço de um alto edifício. Os Beatles se encontravam atemorizados ao meu lado com as suas guitarras elétricas quebradas. Um grupo de dez guardas nos despejou num buraco e nós fomos cair numa rede situada sobre a luxuosa cama de Di Maggio, proprietário de Hollywood. O quarto era um enorme salão cercado de vidro e a temperatura do apartamento era muito agradável. Eu e os Beatles olhamos através do vidro e vimos que nós estávamos no mais alto edifício de Hollywood e que nós conseguíamos ver o Pacífico e ao longe atrás das montanhas o Atlântico. Em torno do grande salão mergulhados nas confortáveis poltronas estavam Carlo Ponti, que tinha vindo comprar Hollywood, Sophia Loren e Rock Hudson, que era o decorador do apartamento de Di Maggio, proprietário de Hollywood. O gordo Carlo Ponti vestia uma camisa de seda colorida e bocejava de instante a instante olhando entediado para a sua esposa. Eu e os Beatles começamos a nos sentir bem na temperatura morna do apartamento de Di Maggio e instantes depois dois eunucos de saiote dourado nos retiraram da rede, nos banharam e passaram óleo nas nossas nádegas. Carlo Ponti se aproximou de Ringo e começou a olhar para as suas nádegas brilhando de óleo perfumado. Di Maggio já se encontrava no seu luxuoso leito, sorriu para mim e para os Beatles e fez um sinal para que nós nos aproximássemos. Carlo Ponti começou a conversar com Di Maggio numa voz lenta e entediada, Carlo Ponti dizia que Hollywood estava decadente e o melhor seria os acionistas de Hollywood se transportarem para Cinecittà, na Itália. Sophia Loren se aproximou de Carlo Ponti e o par de seios de Loren se apoiou na cabeça de Ponti. Ponti saiu debaixo dos seios de Sophia, sentou na cama e depositou um beijo nas nádegas de Ringo. Os outros componentes dos Beatles serviam chá para Di Maggio e este bebia alguns goles e mandava os Beatles movimentarem as nádegas caminhando sobre o tapete do luxuoso quarto. Carlo Ponti continuou tentando convencer Di Maggio a abandonar Hollywood e ir para Cinecittà. Di Maggio fez um sinal para Rock Hudson e disse para ele explicar o que os Beatles deveriam fazer todos os dias. Rock Hudson disse numa voz grave que eles estavam contratados como copeiros de Di Maggio e de todos os artistas de Hollywood: Marilyn, Cary Grant, Gary Cooper, Errol Flynn e todos os outros, e que eles seriam obrigados a servir chá todas as manhãs e aparecer de nádegas perfumadas pelos óleos dos eunucos, e que eles iriam pertencer ao gineceu de adolescentes. No momento em que Rock finalizava entrou James Dean de cabeleira loura e longa com as nádegas reluzentes e douradas. Di Maggio apresentou James Dean para os Beatles e disse que era a sua esposa, e que ele comandava o gineceu de adolescentes. O gordo Carlo Ponti, que se encontrava novamente sob os seios de Sophia, bocejou e beijou na boca James Dean, dizendo que iria reconstruir o seu mito se ele fosse para Cinecittà. Tocaram as trombetas e todos desceram ao pátio e o longo cortejo se formou entrando em Wall Street, e à frente, sobre dois tronos no carro alegórico, eram levados o proprietário de Hollywood Di Maggio e o produtor Carlo Ponti. A banda de música marchava logo atrás e dos prédios uma chuva de papéis picados caía e milhões de cabeças gritavam das janelas. De um e de outro lado da rua a multidão espremida pelos guardas e pelos cordões de isolamento aplaudia os dois comilões: Di Maggio e Carlo Ponti. O longo cortejo finalizava com o mugido confuso dos 4.733 bois que deveriam servir para a disputa. No carro alegórico seguinte eu estava misturado a 1.263 homossexuais famosos que pertenciam ao gineceu de Di Maggio; e no outro carro alegórico viajavam os 255 juízes e os 742 advogados. Os acionistas de Hollywood e de Cinecittà aguardavam o grande cortejo na Bolsa de Valores de Nova York, onde iria se realizar a grande disputa entre os comilões Di Maggio e o produtor Carlo Ponti. A banda de música estacou diante da Bolsa de Valores de Nova York e os guardas abriram caminho violentamente na multidão. Di Maggio, proprietário de Hollywood, saltou do seu trono no carro alegórico levando o seu taco de beisebol apoiado no ombro e entrou triunfante na Bolsa de Valores. De dentro os acionistas de Hollywood gritaram aplaudindo o seu líder. Carlo Ponti, proprietário de Cinecittà, desceu correndo por uma escadinha e entrou na Bolsa sendo aplaudido pelos seus acionistas italianos e americanos. Os guardas abriram os portões do carro alegórico que eu ocupava juntamente com os 1.263 homossexuais comandados pela esposa de Di Maggio, James Dean. Nós saltitamos sorrindo e entramos no interior da Bolsa. Os Beatles, de longas cabeleiras, pretendiam cantar uma música, mas foram vaiados pelos acionistas que se encontravam sobre a imensa arquibancada. Sophia Loren, de doze metros de altura, estava sentada sobre o trono especialmente construído para ela e conversava em italiano com cinco acionistas de Cinecittà que se encontravam aos seus pés. Carlo Ponti, quando entrou na Bolsa de Valores, foi saudado por Sophia Loren, que o levou até ela e beijou Carlo Ponti na testa. Nesse instante a manada de 4.733 bois entrou na Bolsa de Valores enchendo as amplas abóbadas de mugidos. Os vaqueiros a cavalo conduziam a manada para o centro da Bolsa de Nova York, ao lado da tabela eletrônica que marcava as cotações em número. Os cozinheiros negros vestidos de branco atiçavam o fogo dos fornos onde seriam assados os bois. As câmaras de televisão e filmagem estavam instaladas nos cantos e os holofotes iluminavam a grande multidão caótica e ruidosa ao lado dos 4.733 bois que se encontravam no interior da Bolsa de Valores de Nova York. O juiz de túnica vermelha subiu no palanque, aproximou a boca do microfone e disse: "Atenção, por favor!... Atenção...". O ruído da multidão e os mugidos da manada de bois cobriam a voz do juiz, que saía dos alto-falantes espalhados pela Bolsa de Valores, mas pouco a pouco a multidão foi silenciando e um grande número voltava atento as cabeças na direção do palanque, somente os mugidos dos bois perturbavam o silêncio do amplo recinto. Depois que todos estavam imóveis e atentos o juiz voltou a aproximar a boca do microfone e disse que a disputa entre os dois comilões, Carlo Ponti, defendendo as ações de Cinecittà, e Di Maggio, defendendo as ações de Hollywood, iria ter início. A multidão caótica rebentou em aplausos e gritos e Di Maggio e Carlo Ponti entraram no centro das mesas circulares. Os dois se cumprimentaram com uma reverência e os dois ajudantes do juiz de vermelho entregaram uma faca e um garfo para Di Maggio e Carlo Ponti. O juiz voltou a aproximar a boca do microfone e anunciou que qualquer um dos dois que vomitasse seria desclassificado. Todo alimento ingerido deveria sair pelo cu, acrescentou o juiz da disputa entre os dois comilões. A multidão caótica rebentou em aplausos e os dois comilões permaneceram aguardando o primeiro boi assado. Os negros cozinheiros martelavam a cabeça de quinze bois e passavam maçaricos de nitrogênio sobre os bois mortos. Os couros dos bois estouravam e os bois eram remetidos à mesa por carrinhos. Di Maggio e Carlo Ponti avançaram furiosamente para os dois primeiros bois e os devoraram a três ou quatro garfadas. Os cozinheiros negros começaram a trabalhar mais rapidamente incentivados pelos gritos e aplausos da multidão caótica de acionistas. Os cozinheiros negros martelavam violentamente as cabeças dos bois e em seguida outro grupo de cozinheiros tostava os bois mortos passando a chama azul do maçarico sobre a carcaça dos bois. Uma nuvem de fumaça se elevava para as abóbadas da Bolsa de Valores e escapava das janelas. A multidão de advogados, juízes, acionistas italianos e americanos, a banda de música, os sacerdotes e os 1.263 homossexuais do gineceu de Di Maggio tossiam e cuspiam sobre os que se encontravam no andar de baixo. Di Maggio cortava rapidamente os bois assados com a sua enorme faca, engolia pedaços de carne e chupava os ossos maiores e triturava com os dentes os menores. Carlo Ponti, de boca pequena, avançava para os bois assados, que entravam transportados pelos carrinhos, e os mastigava com uma velocidade incrível. Em milhões de pequenas dentadinhas Carlo Ponti fazia desaparecer o boi e os ossos em alguns segundos. Ao lado dos dois comilões quatro juízes envolvidos na fumaça negra que saía dos maçaricos anotavam o número de bois comidos por um e por outro. Di Maggio chupava uma mangueira de vinho introduzida pelo corpo de bombeiros, e Carlo Ponti naquele instante viu que o seu adversário devorava os bois com mais facilidade devido ao vinho. Carlo Ponti estacou subitamente de mastigar e subiu correndo na escadinha que levava às quatrocentas tetas de Sophia Loren. Sophia retirou as quatrocentas tetas do vestido e o minúsculo e gordo Carlo Ponti se lançou vorazmente sobre elas chupando o leite que esguichava abundante. Os 742 advogados de Carlo Ponti se jogaram das arquibancadas caindo sobre as imensas coxas de Sophia Loren e se lançaram sobre as quatrocentas tetas tentando sorver o leite que esguichava abundante. Sophia Loren, de doze metros de altura, derrubou com dois ou três tapas todos os advogados, que caíram a seus pés ao lado dos dois comilões. Os marcadores eletrônicos controlados pelos juízes passaram a marcar o número de bois. Carlo Ponti naquele momento tinha devorado 785 bois e Di Maggio 853. Carlo Ponti continuava mastigando velozmente e a sua barriga se estendia por um espaço de trinta metros e uma corrente de vinte guardas cercava a enorme barriga esparramada no solo. A multidão das arquibancadas uivava torcendo por Di Maggio e cuspia e jogava os seus paletós, chapéus, sapatos, repolhos, tomates, ovos e hot-dogs sobre os espectadores que se encontravam embaixo e sobre Carlo Ponti. Sophia Loren se ajoelhou ao lado de Carlo Ponti para que este pudesse chupar as suas quatrocentas tetas, de onde esguichava leite abundante. Carlo Ponti se mantinha imóvel no chão e movimentava as mandíbulas mastigando furiosamente os bois assados que eram colocados na sua frente. Carlo Ponti arrancou as calças, dirigiu as nádegas pequenas e redondas e lançou um potente jato de merda para cima. Jorrava merda líquida esguichando para os lados e a multidão espremida na Bolsa de Valores corria. Joe Di Maggio parou de comer bois e sentou no chão colocando a mão no estômago. Neste instante a voracidade de Carlo Ponti aumentava e formava-se um fluxo contínuo das mastigadas velozes e rítmicas com o ânus jorrando merda. A contagem de bois de Carlo Ponti atingiu 1.259 bois e superou os 1.171 bois comidos por Di Maggio. Joe Di Maggio continuava sentado apertando o estômago e vomitou. As trombetas tocaram e os juízes anunciaram Carlo Ponti como vencedor. Na imensa tela de televisão apareceu Hollywood com os seus edifícios, estúdios, pátios e refletores e se abriu um enorme rombo no solo e um grande redemoinho de vento triturou os edifícios. O gigantesco redemoinho de vento triturou os edifícios e transportou os destroços para o centro da enorme fenda circular. O orifício escuro no centro de Hollywood aumentou, e os 1.263 homossexuais do gineceu de Di Maggio, que assistiam aterrorizados à queda de Hollywood na imensa tela de televisão, gritavam em pânico. Instantes depois os últimos estúdios de Hollywood desapareciam no grande orifício negro e eram sorvidos pelo vento. Aparecia na imensa tela de televisão o grande rombo escuro aberto na terra e que era, havia poucos instantes, o lugar ocupado por Hollywood. A grande multidão de advogados, homossexuais, juízes, acionistas, cozinheiros, bombeiros, Carlo Ponti, a gigante Sophia Loren de quatrocentas tetas, curiosos, repórteres, cineastas olharam para Di Maggio e este desintegrou-se no espaço desaparecendo na frente de todos dissolvido em milhões de fragmentos. A multidão caótica acumulada na Bolsa de Valores saltou de alegria e todos saíram correndo, atravessaram a alta porta, desceram desordenadamente as escadarias e pararam subitamente olhando para o alto. Acima dos edifícios uma revoada de órgãos sexuais masculinos e femininos deslizava nos ares se introduzindo entre as ruas e os edifícios. Eram órgãos sexuais alados com suas amplas asas brancas, seus pelos negros, o par de testículos, a cabeça grande e vermelha. Os órgãos sexuais femininos eram um pouco menores que os masculinos e mediam três metros de altura, aparecendo os pelos e os grandes lábios. A grande multidão caótica de repórteres, acionistas, fotógrafos, cozinheiros, homossexuais e Sophia Loren aguardaram, sob as ordens de Carlo Ponti, a aterrissagem da revoada de órgãos sexuais alados. O grande número de órgãos sexuais alados deslizava suavemente no céu e descia na direção da rua. Carlo Ponti falou no alto-falante portátil: "Siamo vittoriosi! Hollywood non esisterà più... Cinecittà è il centro del mondo cinematografico!..." A multidão caótica gritou e saltou de júbilo e os numerosos órgãos sexuais alados iniciaram a descida entre os prédios batendo as suas asas brancas e pousaram no asfalto. Carlo Ponti correu para um órgão sexual masculino negro e de quinze metros de comprimento, saltou montado sobre ele e foi seguido por Sophia Loren, que assentou suas volumosas nádegas sobre o imenso saco negro. Os acionistas correram para os órgãos femininos e se introduziram em grupos de cinco e seis no interior das vaginas mantendo as cabeças para fora, que apareciam entre os pelos. Eu e os 1.263 homossexuais do gineceu de Joe Di Maggio estávamos perdidos e indefesos no meio da multidão eufórica que saltava para o dorso dos órgãos sexuais alados. Carlo Ponti, de cima do órgão sexual negro, falou no alto-falante: "Il gineceo degli adolescenti è mia proprietà e tutti saranno trasportati a Cinecittà". Eu e os 1.263 homossexuais gritamos de alegria, corremos livremente e saltamos para o dorso dos últimos órgãos sexuais alados que ainda não estavam ocupados. Carlo Ponti abaixou o braço num gesto majestoso, chicoteou o seu imenso órgão sexual negro e o volumoso sexo abriu suas enormes asas brancas e levantou voo levando em seu dorso a gigante Sophia Loren e Carlo Ponti. O grande número de órgãos sexuais alados femininos e masculinos levantou voo agitando as suas asas brancas e seguiu o imenso órgão sexual negro. Os órgãos sexuais formavam um triângulo no céu de Nova York e na ponta voavam Carlo Ponti e Sophia Loren. Carlo Ponti chicoteava o seu imenso órgão sexual negro, que levantava majestosamente as suas asas negras. O grande número de órgãos sexuais alados carregando no dorso homens e mulheres sobrevoava o edifício da ONU e seguia na direção da Estátua da Liberdade se introduzindo nas nuvens brancas.

As borboletas coloridas de todos os tamanhos giravam entre os edifícios e a nuvem de borboletas vermelhas, azuis, amarelas se perdia ao longe. Eu caminhei apressado batendo com as mãos e os pés nas minúsculas borboletas que entravam no meu nariz e nas minhas orelhas. Eu fechei os olhos e bati com os braços, e senti o baque da minha mão batendo nas asas finas e transparentes. A nuvem de borboletas coloridas zumbia e eu continuava atravessando apressado a infinita nuvem colorida de borboletas que se agitavam voando em todos os sentidos, e batia com as mãos e os pés nas minúsculas borboletas azuis, amarelas, vermelhas, verdes; e as borboletas batiam as asas transparentes e coloridas e voavam desordenadamente chocando-se umas com as outras e contra o meu corpo. Eu pisei o chão coberto de borboletas coloridas e meu pé mergulhou até o joelho no solo multicolorido, que tremia agitado pelos milhões de minúsculas asas. As nuvens coloridas que cobriam o céu brilhavam com todas as cores, e as borboletas vermelhas, azuis, verdes e amarelas, de todos os tamanhos, chocavam-se contra o meu corpo, e eu desferi golpes com os braços, e derrubei um grande número de borboletas mergulhando os pés na camada de borboletas que se agitava no solo. As imensas nádegas do gordo halterofilista se despejavam sobre o banco. O gordo e largo halterofilista estava de costas para mim, e eu me aproximei pisando perto da parede das casas. Eu tinha medo de que o solo afundasse com o meu peso, e eu sentia o meu pé afundando no solo feito de massa. Eu olhei para o volumoso e largo halterofilista de costas e pensei que o banco em que estava sentado o pesado halterofilista deveria afundar no solo a qualquer instante. Correndo o risco de ser absorvido pelo solo e ser engolido juntamente com o gordo halterofilista, que era meu amigo, eu me aproximei e toquei de leve com a mão nas costas largas do halterofilista. A cabeça redonda e enterrada nos enormes ombros girou para mim e sorriu infantilmente. O gordo halterofilista meu amigo levantou-se pesadamente me saudando. Eu me encontrava sob o imenso ombro do gordo halterofilista, e ele sorriu estendendo a sua mão volumosa, que cobriu a minha mão. O imenso halterofilista olhou de cima para mim e sorriu como uma criança levantando os braços alegremente. Eu me despedi do gordo halterofilista e fui para a cidade. Eu caminhava na cidade e via o telhado das casas, os edifícios, as ruas e o horizonte curvo. Os edifícios se afastavam no alto e formavam a curva do horizonte e as arestas na direção do centro da Terra. Eu caminhava com cuidado porque eu poderia perder o equilíbrio na calota esférica da cidade onde estavam plantados os edifícios. As ruas se despejavam atrás do horizonte curvo e as avenidas desciam para o outro lado da cidade. O céu estava cinzento e eu via as nuvens pesadas e densas passando e produzindo um som. Eu me agachei entrando na confeitaria. Um dos empregados cerrava as portas, talvez para evitar que a água da chuva entrasse ou porque deveria ser tarde e a confeitaria estava fechando. Eu apontei um dos doces e disse para o rapaz do balcão que eu queria aquele. O rapaz retirou o doce do balcão e no instante em que o rapaz ia tirar o doce eu apontei um outro que era maior, mas o rapaz retirou o menor. Eu mordi o doce, que era muito consistente e grande, e enchia a boca e o estômago. Naquele instante, a chuva começou a cair fora da confeitaria e os empregados desciam as portas de aço, a chuva era muito forte e o vento despejava a chuva dentro da mercearia. Os empregados da confeitaria desceram as portas de aço, mas a chuva invadia o interior da confeitaria levada pelas fortes rajadas de vento. Eu tinha terminado de comer o doce e eu estava protegido pela minha capa, e eu puxei o capuz sobre a cabeça, me sentindo mais protegido. Depois eu virei de costas para o vento e a chuva que entravam na confeitaria e senti os pingos grossos de chuva batendo na minha capa e me senti feliz por estar protegido com a capa. Eu engoli o último pedaço de bolo e depois eu vi que eu segurava um livro e alguns papéis que eu tinha escrito. A água da chuva poderia borrar as minhas letras e eu resolvi guardar o livro e os papéis no bolso da frente da minha capa. Era um bolso grande e eu introduzi o livro e os papéis e fechei com o zíper. Mais uma vez eu me senti feliz de poder proteger o que eu tinha escrito. Naquele instante a luz se apagou e o brilho cintilante dos edifícios iluminados desapareceu. Eu olhava para a silhueta escura dos prédios ao longe e aguardava o retorno da luz na cidade. As luzes das janelas e dos luminosos estavam apagadas e eu esperava que elas se acendessem para que eu pudesse atravessar a cidade. As luzes se acenderam nas janelas e nos luminosos, e eu ouvi um "Ah!..." que os habitantes da cidade soltaram de satisfação dentro de seus apartamentos no instante em que as luzes voltaram a se acender e os elevadores subiram e desceram. Eu imediatamente parti caminhando apressado nas ruas da cidade festivamente iluminada e entrei no prédio. Eu perguntei para o porteiro onde era o treino de karatê. O porteiro disse que não sabia, mas que eu poderia olhar pelas portas e janelas que eu talvez descobrisse. Eu entrei no corredor e vi através da janela o japonês faixa-preta de karatê percorrendo gravemente o treino de seus alunos. O japonês faixa-preta vestia uma túnica de seda preta e percorria agressivamente os seus alunos soltando golpes rápidos e precisos no ar. Os funcionários do banco ao lado estavam contando dinheiro. Todos se reuniam diante das mesas numa ampla sala iluminada pela luz branca e folheavam os maços de notas. O nível da sala onde os funcionários contavam dinheiro era um pouco abaixo do nível do banco onde se atendia o público. Os funcionários estavam reclinados sobre as mesas e atentos aos maços de notas que eles folheavam habilmente. A sala estava em silêncio e zumbia o minúsculo ruído produzido pelo folhear rápido das notas. Quando eu saí à rua uma menina de dez anos olhou para mim e sorriu. Eu entrei no bar e saí pela outra porta, mas naquele instante resolvi voltar. A menina de dez anos estava na esquina sorrindo e esperando por mim. Eu me aproximei e vi os seios minúsculos e pontiagudos da menina e perguntei se ela ia para algum lugar. Ela respondeu que iria para a sua casa e eu vi que ela estava de uniforme, saia azul e blusa branca, e levava cadernos e livros abaixo do braço. Eu perguntei à menina de dez anos onde eu poderia encontrá-la, e ela pediu o caderno que eu levava e disse: "Eu escrevo". Eu entreguei o meu caderno e depois de ter folheado muitas páginas encontrei uma em branco e disse: "Aqui", apontando para a página em branco. A menina escreveu no meu caderno e eu li: "Função variável – Lugar variável". "Ah!... você estuda matemática", acrescentei depois de ler o lugar onde eu poderia encontrar a menina de dez anos. Ela respondeu: "Sim", e sorriu. Eu e ela permanecemos algum tempo olhando um para o outro e sorrindo. A menina de dez anos perguntou se eu não queria acompanhá-la, e eu respondi sorrindo com um movimento de cabeça. Eu e a menina de dez anos atravessamos a rua e ela apontou para uma porta e disse: "Aqui". Eu e ela entramos, e a menina de dez anos abriu a porta do quarto e eu entrei. Eu estava no quarto e vi a menina loura de dez anos passar na sala. A família era muito numerosa e ocupava todos os quartos. Eu fui até a cozinha e vi a tia da menina de dez anos preparando o almoço. A tia olhou para mim como que me reprovando. Quando eu estava na cozinha, a irmã da menina de dez anos, que deveria ter quinze, entrou e olhou para mim. Eu pensei comigo que deveria ter sido o sinal, e que a irmã de quinze anos estava arranjando as coisas para eu levar a irmã de dez para a cama. Eu procurava disfarçar o meu nervosismo perante a tia que preparava o almoço; mas a tia olhava com o canto do olho para mim como se já soubesse de tudo. Eu havia proposto um dinheiro para a irmã de quinze anos e ela perguntou se eu não preferia a irmã de dez. Eu respondi que preferia a irmã de dez. A irmã de quinze cuidava de tudo com habilidade. O restante da família, o pai, a mãe, os irmãos, o avô estavam na sala. Eu saí da cozinha e percebi que quando eu passava na porta a tia olhou para mim. Eu entrei no quarto e logo em seguida a menina loura de dez anos entrou correndo, se jogou na cama e se escondeu debaixo do cobertor. A irmã de quinze anos fechou a porta e disse que ninguém tinha visto a irmã de dez anos entrar no quarto, e que eu poderia tirar a roupa e me esconder debaixo do cobertor ao lado da menina de dez anos. Eu entrei no banheiro e remexi a cesta de roupa e retirei uma bisnaga de pasta dentifrícia. Eu apertei a bisnaga e vi a pequena massa branca e cilíndrica sair no meu dedo. Eu limpei o dedo e coloquei a bisnaga de dentifrício no bolso da camisa. Eu remexi mais alguns instantes e encontrei uma bisnaga de vaselina. Espremi a bisnaga no dedo e saiu um pouco da pequena pasta incolor e oleosa. Eu pensei comigo que eu poderia usar a vaselina para fazer sexo com a menina de dez anos, que deveria ser muito apertada. Eu coloquei a bisnaga de vaselina no bolso da camisa e voltei para o quarto. Eu introduzi o dedo na vagina úmida da menina de dez anos e senti que era muito apertada. Eu girava o corpo sobre ela, e segurava o meu membro rijo e tentava introduzir a cabeça vermelha do membro no sexo apertado da menina de dez anos. Ela soltava pequenos gritinhos e sorria para mim, e eu e a menina rolávamos na cama. Depois eu e a menina de dez anos levantamos nus e dançamos no quarto. Eu saltitava em torno da menina de dez anos e ela movimentava a língua sacudindo os seios pequenos para cima e para baixo. Eu vesti a roupa, saí do quarto e entrei na sala onde estavam o pai, as tias, a mãe e as irmãs da menina de dez anos ouvindo uma menina tocar Chopin no piano. Eu saí da sala me despedindo da numerosa família e fui para o fundo do quintal, onde estava a menina de quinze anos de pernas abertas, e quando me aproximava eu vi o cantor Frank Sinatra abotoando as calças e me cumprimentando sério. Frank Sinatra devia estar fazendo sexo com a menina, e eu pensei em ir primeiro à privada e depois subir em cima da menina de quinze anos, que já estava ali pronta de pernas abertas. Entrei na privada estreita e o negro que morava na privada saiu. Eu fui obrigado a agachar abaixando as calças porque só existia um buraco cheio de água que servia de privada. Eu me esforcei para sair um pouco de merda, mas saí da privada e o negro, que esperava na porta, entrou novamente na privada que era sua casa. Eu montei no muro e olhava o quintal e a menina de quinze anos, que ainda se mantinha de pernas abertas, como se estivesse me esperando. Um negro de cartola e fraque imundo correu berrando no quintal e provocou um terremoto. Eu me agarrei ao muro, que tremeu, e o negro de cartola e sobretudo corria em círculos de braços abertos segurando o fraque e berrava provocando o terremoto. O indigente negro de cartola e fraque imundo sentou encostado no muro e a terra parou de tremer. Eu saltei do muro e agarrei a menina de quinze anos pela cintura. A menina de quinze anos sorriu e nós saímos e os garotos da escola comiam bolachões enormes e eu, que estava com fome, perguntei para um dos garotos onde ele tinha conseguido aqueles bolachões. O garoto respondeu que estavam distribuindo bolachões no pátio da escola. Eu olhei para a mesa de doces e resolvi comer. Um camponês que tocava trombone mastigava um doce e se mantinha ao lado da mesa. Eu pedi licença para o camponês de trombone e levei à boca um dos doces, mastiguei alguns instantes e cuspi o doce no prato. O camponês de trombone se irritou, dizendo que eu não deveria ter cuspido o doce. Eu soltei um soco no camponês de trombone, e nós dois rolamos no chão. Eu agarrei a mão do camponês e comecei a torcê-la para trás e o camponês gemia se lamentando. Eu larguei o camponês de trombone e entrei no cassino segurando a menina pela cintura. Todos fumavam e jogavam cartas, roleta, caça-níqueis. Eu abri uma porta, que eu pensei que poderia levar a menina e fazer sexo, mas naquela sala todos fumavam e jogavam. Eu voltei para a roleta, e naquele instante se interrompeu o jogo e um antigo companheiro de snooker apareceu irritado comandando para eu pagar o que ele havia perdido na roleta. Eu me recusei a pagar, e o meu antigo companheiro de snooker agitava os dedos nervoso a agressivo dizendo que eu teria de pagar, e que ele havia perdido na roleta por minha causa. Eu discuti com o rapaz, e eu e ele hesitávamos em nos agredir mutuamente e eu pensava em dar um chute no saco do meu antigo companheiro de snooker, que falava irreverente comigo. Eu me acalmei e resolvi pagar a dívida com o chefe da roleta, e eu e o meu amigo abrimos passagem entre os jogadores que fumavam charutos e cigarros. Eu abandonei o cassino e fui ao cinema. Quando eu saí do cinema a bilheteira encerrada na caixa de vidro suava escorrendo suor pelas mãos, pernas e cabelos. Um homem de terno caído na calçada murchava escorrendo suor de seu corpo. Eu comecei a suar e as minhas calças e camisa estavam pregadas no corpo e uma poça de água cercava os meus pés. O homem estava murchando dentro do terno e a água que escapava do seu corpo escorria para a rua. A névoa amarela e transparente permanecia imóvel nas ruas iluminadas e eu continuava suando. O homem caído à minha frente estava completamente murcho e a pele e o terno cobriam os ossos. As minhas pernas dobravam e eu caí de costas. Tarzan rolou no chão levantando pó e lutando furiosamente. Numa placa vertical a fotografia de dois metros de altura de uma pequena multidão excitada observando a luta. A multidão da fotografia de dois metros de altura e dez de largura mantinha estática os sorrisos e a excitação e todos observavam imóveis e atentos a furiosa luta de Tarzan rolando no pó. Tarzan se agitou e os músculos das suas costas e de seus braços ficaram tensos. Tarzan rolou como se estivesse segurando uma fera, reteve nos vigorosos braços a forma vazia, e rolou levantando o pó e urrou heroicamente debatendo-se no solo. Eu me levantei e fui até o parque e percorri a multidão que conversava em pequenos grupos e ouvi as frases interrompidas por um zumbido da boca e da língua. Os homens, mulheres, crianças e velhos falavam uns para os outros no parque e eu ouvi as conversas através das grades que eu percorria. Eu continuei percorrendo o parque e depois vi a imagem colorida dos homens imóvel. O rosto e o corpo formavam uma placa bidimensional e depois a boca sorria e apareciam os dentes brancos e a gengiva vermelha. Instantes depois bateu um vento no parque e as placas bidimensionais que formavam os corpos coloridos começaram a se dissolver levadas pelo vento. O preto do cabelo escorria na direção do vento, e o vermelho das gengivas manchava os dentes e o rosto. As figuras dos homens, mulheres, crianças e velhos que se encontravam no parque aumentaram de tamanho levadas pelo vento, e os traços apareciam confundidos e dissolvidos. Os homens, mulheres, crianças e velhos apareciam formando placas largas e coloridas. O vento continuou a bater e as figuras dissolvidas se tocaram umas com as outras misturando as suas cores. A tinta preta do cabelo manchava o rosto do outro homem de olhos estendidos e estáticos, e depois a multidão se confundia dissolvida no parque em várias cores. Eu me escondi embaixo da marquise dos prédios enquanto os corpos caíam. Os corpos de crianças e velhos batiam na laje da calçada, em cima da marquise onde eu estava. Era uma chuva de homens, mulheres e crianças que caíam. Eu me aproximei de uma criança que havia caído de cima do prédio e essa criança parecia uma boneca de pano, e o som que ela produziu ao bater na laje foi o de uma boneca de pano. Depois eu pensei que deveriam estar lançando os corpos de cima e pretendiam me atingir. Jogavam os corpos de cima como se fossem pedras, e eu me apertava contra a parede caminhando na direção da outra marquise enquanto os corpos batiam no solo. Poderia ser uma chuva de bonecos ou de homens, e poderia ser que os bonecos e os homens não caíam naturalmente, mas eram jogados de cima, e poderia ser que não eram simplesmente jogados, jogados contra mim como se fossem pedras. Eu entrei no edifício e subi para o apartamento de Burt Lancaster. O forte Burt e Harpo Marx estavam na janela do apartamento olhando as avenidas iluminadas. A multidão inquieta estava nas ruas e olhava para o céu escuro situado acima dos prédios iluminados; Burt Lancaster olhava para as avenidas iluminadas mantendo os cotovelos apoiados na janela e demonstrava uma grande satisfação por estar presenciando aquele espetáculo, enquanto o surdo-mudo se mantinha sentado na poltrona segurando a sua buzina e a sua harpa e de instante a instante esticava o seu pescoço olhando para fora e buzinava enquanto Burt soltava piadas sobre as coisas que estavam acontecendo. Nós três ríamos, e eu e Burt continuávamos olhando a avenida iluminada. Do fundo da avenida iluminada, junto aos fios do ônibus elétrico, um bloco luminoso de faíscas começou a correr como um ônibus em alta velocidade no sentido da avenida. Os blocos de faíscas elétricas zuniam e atravessavam a avenida em grande velocidade. Nós vimos de longe os homens correndo em pânico. Harpo Marx continuava sentado na poltrona rindo e o surdo-mudo arregalou os olhos e viu perdido na multidão em pânico um seu amigo do Departamento de Ordem Política e Social. Harpo Marx buzinou e acenou para esse amigo, e em seguida ele estava ao nosso lado na janela, enquanto Burt reprovava com caretas que Harpo Marx tivesse chamado o policial do DOPS, e que o policial poderia nos prender por atividades subversivas. Mas eu, Harpo e o policial do DOPS, um gordo forte, continuávamos olhando a avenida iluminada e os blocos retangulares de faixas luminosas deslizando velozes na avenida seguindo os fios do ônibus elétrico. Eu pensei que aquelas perturbações poderiam ter origem no ovo frito cósmico. Nós três vimos milhares de minúsculas cabeças na multidão sendo iluminadas por uma luz branca e todos olhavam em pânico para cima do prédio em que nós estávamos. Eu disse para Burt que o ovo frito cósmico, semelhante a uma galáxia, deveria estar passando e que a multidão apontava para o ovo frito cósmico, que irradiava uma luz branca e produzia um som grave e que aumentava. Eu, Burt Lancaster e o policial do Departamento de Ordem Política e Social procurávamos nos estender na janela e olhar para cima; mas o ovo frito cósmico passava atrás do prédio em que nós estávamos e nós só vimos uma parte da luminosidade branca que deveria ser a clara do ovo frito cósmico.

Os padres tocando violinos se aproximaram dos cinco mil cegos presos na cratera circular, e os padres foram retirando os cegos e introduzindo os cegos em tonéis de gasolina. Os padres transportaram rapidamente os cegos para os tonéis, introduziram cinco ou seis cegos num tonel e martelaram os cegos nos tonéis e depois tamparam os tonéis. Os padres enlatavam um grande número de cegos e depois de alguns instantes conseguiram introduzir dez cegos num tonel. Os padres se dividiram em três grupos de cinquenta cada um; os que tocavam violino, os que transportavam os cegos para serem enlatados e aqueles que martelavam os cegos até a boca do tonel ficar livre de cabeças e braços e a tampa poder ser introduzida. Os padres que tocavam violino interromperam a música e se lançaram furiosamente contra aqueles que martelavam os cegos. Os padres usavam os violinos como armas e os outros padres martelavam os padres de violinos. Os padres agitavam os violinos acima da cabeça e se lançavam uns contra os outros. Eu me atirei no rio e fui levado pela corrente. A corrente do rio girava e subia, e eu flutuava batendo contra as cabeças de cavalos, binóculos e bonzos budistas queimados. Eu montei num bonzo budista queimado e procurei me libertar da corrente que girava e corria um grande número de animais mortos. No centro do redemoinho eu vi aparecer um olho de pedra e eu procurei remar furiosamente e emergia do centro do redemoinho a cabeça de concreto da Estátua da Liberdade. Eu me agarrei a uma das pontas da coroa presa à cabeça da estátua e fui levantado para o alto. A imensa Estátua da Liberdade emergiu da corrente do rio e espirrou torrentes de água para os lados. O bonzo queimado que eu montava deslizou pelo imenso costado de concreto e mergulhou na água do rio. Eu me agarrei à ponta de concreto e depois vi a imensa mão de concreto segurando a tocha de concreto se elevar e a Estátua da Liberdade emitiu um grito horrendo. Eu procurei me agarrar fortemente à ponta de concreto e depois a estátua saltou para a margem, e correu nos campos. Ela perseguia uma multidão de japoneses, negros, americanos, turcos, mexicanos e uma manada de bois que corria em pânico misturada à multidão. A Estátua da Liberdade soltou um grito e lançou a tocha de concreto na multidão que corria em pânico. A multidão abriu para os lados e a tocha de concreto esmagou um grande número de bois, negros e japoneses. A Estátua da Liberdade se ajoelhou com um estrondo e passou a colher com ambas as mãos os minúsculos homens que corriam desordenados na planície. A Estátua da Liberdade lançou os homens e as mulheres num imenso depósito de petróleo, e permaneceu colhendo japoneses, negros, bois e americanos, e lançando todos eles no depósito prateado e circular. A gigantesca estátua de concreto encheu até a boca o depósito de petróleo e sentou no solo. Eu me agarrei a uma das pontas da coroa de concreto e vi a multidão de homens e bois acumulada no depósito circular e prateado. Os que se encontravam em cima se movimentavam emitindo pequenos gritos. A Estátua da Liberdade recolheu a sua tocha de concreto e permaneceu algum tempo observando a massa humana que se movimentava no depósito de petróleo. A Estátua da Liberdade riu e colheu com a ponta dos dedos três japoneses e engoliu os três. A Estátua da Liberdade colheu novamente cinco negros e dois japoneses e mastigou os sete engolindo-os em seguida. A Estátua da Liberdade mergulhava a mão de concreto no depósito circular e prateado, e mastigava um grande número de homens, mulheres e bois. A Estátua da Liberdade introduziu a imensa tocha de concreto no depósito de petróleo e mexeu a multidão. Primeiro a estátua de concreto mexia vagarosamente e depois aumentou a velocidade e logo em seguida a massa humana estava transformada numa pasta de carne e a Estátua da Liberdade levantou com ambas as mãos o imenso depósito e sorveu a pasta de carne. A Estátua da Liberdade limpou a boca de concreto com o dorso da mão de concreto e eu ouvia o choque do concreto. Depois a Estátua da Liberdade levantou-se e destruiu com um tapa um bombardeiro a jato que deslizava nas nuvens. O bombardeiro explodiu soltando fumaça e chamas. A Estátua da Liberdade correu para a margem do rio, tropeçou e caiu. Eu mergulhei no rio e instantes depois eu retornei para a superfície e vi na margem um grande número de blocos de concreto. Eu nadei para a margem e atravessei a Estátua da Liberdade fraturada num grande número de blocos de concreto. Um exército passou sobre os blocos de concreto e eu me perdi entre a multidão armada de lanças, espadas, fuzis, flechas e facas. Eu me encontrava misturado à multidão armada, que marchava furiosamente no escuro da noite, e eu levava sobre o ombro uma bazuca. O exército armado de facas, espadas, lanças, fuzis, atacava os crocodilos da margem e as cobras subiam nas armaduras. Eu coloquei um elmo na cabeça e apontei a bazuca para um grupo de soldados armados de lança que lutavam contra cinco crocodilos e dois macacos. A granada explodiu no centro do grupo e eu vi estourando os corpos e as armaduras saltando para o alto e caindo no solo. Eu me introduzi no tubo de borracha de um metro de diâmetro e caminhei de gatinhas alguns metros. Eu caminhei no tubo de borracha e vi ao longe um ponto luminoso. Eu continuei caminhando de gatinhas, mas fui empurrado para frente. Uma fila de homens e mulheres em pânico tinha me seguido, e eu inclinei a cabeça para baixo e olhei por entre as minhas pernas. Uma fila de homens e mulheres se apertava mutuamente no tubo e os que gatinhavam mais atrás empurravam os que se encontravam na frente. Eu fui obrigado a gatinhar mais rápido e a multidão em fila me empurrava através do tubo. Eu olhei para frente e o ponto luminoso que deveria ser a saída do tubo ainda se encontrava muito distante. Quando eu atingi uma grande velocidade gatinhando eu caí e os que gatinhavam atrás caíram sobre mim. A multidão em fila continuava empurrando e formou-se um nó de homens e mulheres que entupia o tubo. Eu era esmagado pelo grande número de homens e mulheres que se encontravam misturados entupindo o tubo. A multidão que gatinhava atrás empurrou gritando. O entupimento do tubo aumentou e o bolo de homens e mulheres misturados e espremidos no tubo crescia. Eu senti o esmagamento e o calor dos outros corpos e a pressão que vinha da outra extremidade do tubo, onde a multidão penetrava em pânico. O entupimento de homens e mulheres cresceu e eu ouvi um barulho de água e bolhas que corriam pelo tubo. A tinta amarela invadiu o entupimento de homens e mulheres e eu ouvi o grito de todos ser abafado e nós fomos cuspidos fora do tubo. Os homens e as mulheres caíam uns sobre os outros misturados à tinta amarela e eu procurei escapar para os lados enquanto a multidão jorrava da boca do tubo e escorria pelo vale. Eu estava preso pelo pé a duas mulheres que se agarravam a um poste elétrico e eu consegui agarrar o poste enquanto a multidão misturada à tinta amarela escorria no vale e nas ruas da cidade. Eu saltei para a rua, atravessei a praça tomada pelos caranguejos e corri para a estação de trem. A tinta amarela pingava da minha roupa e eu entrei na estação de trem. Dois gigantes estavam sentados sob o teto curvo e amplo da estação. Um deles levantou-se bruscamente quando eu entrei correndo na estação e destruiu a cobertura com a cabeça. Os dois gigantes destruíam os trens chutando e pisando os vagões. O gigante mais escuro segurava os vagões com ambas as mãos e lançou violentamente os vagões contra o solo. Os dois gigantes eram escuros e eram feitos de milhões de fragmentos independentes uns pregados aos outros. Os dois gigantes destruíam locomotivas e vagões batendo uns contra os outros. Eu vi os dois gigantes feitos de milhões de homens, e vi as minúsculas cabeças, mãos e pernas saindo do corpo dos gigantes. Os milhões de partes do gigante se aglomeravam formando o imenso e pesado corpo. Eu via as grossas pernas feitas de homens e mulheres e eu corri e passei por baixo da perna de um deles. No momento em que eu corria um homem se desprendeu da perna do gigante, caiu na minha frente, e correu. Eu corri, mas os dois gigantes caíram de costas e os dois corpos se desfizeram rapidamente transformados numa multidão que corria para todas as direções. A multidão de homens que formava o braço do gigante atravessou correndo os trilhos da estação e todos correram uns sobre os outros na escada rolante. A estação de trem estava vazia em poucos instantes e os últimos homens e mulheres que compunham os dois corpos dos gigantes subiam freneticamente as escadas rolantes. Eu corri para a escada rolante, e saltei os degraus que rolavam para cima, atravessei o amplo vestíbulo da estação e saí para a rua. Choviam frangos assados e a multidão que compunha os dois gigantes se defendia dos frangos assados que caíam do alto e batiam violentamente no asfalto. Um frango assado bateu no meu ombro e eu caí sentado na rua. Eu me levantei e procurei me esconder sob a marquise do prédio, mas um grande número de homens e mulheres se apertava, uns contra os outros. Os frangos assados caíam do alto e explodiam no asfalto. O meu ombro doía muito e eu senti dificuldade em mover o braço. O frango assado que tinha me atingido o ombro era pesado e explodiu no meu ombro. Eu passei a mão na cabeça retirando os pedaços de frango presos no meu cabelo. A chuva de frangos assados estava terminando e eu vi o gordo Goering de botas e suástica no ombro morto pela chuva de frangos assados. Um grande número de cadáveres recebia os últimos frangos assados que caíam do céu azul. Eu e a grande multidão acumulada junto às paredes dos prédios, protegidos da chuva de frangos assados, fomos levados para cima. A grande multidão flutuava acima dos prédios e descia das nuvens um exército de robôs. Os robôs estavam distribuídos em fileiras e blocos e desciam das nuvens atravessando as camadas densas de neblina. O exército de robôs se movia uniforme e todos eles traziam foguetes presos à cabeça. A grande multidão de homens e mulheres continuava a subir para o alto e eu via ao longe os prédios e o cruzamento retangular das ruas. A chuva de frangos assados retornava num redemoinho e subia, desaparecendo na porta norte da cidade, ao lado da longa ponte suspensa. A multidão flutuava nos ares e ao longe Dom Quixote surgiu despedaçando um grupo de homens e mulheres. Dom Quixote surgiu a cavalo e de lança, e zumbiu desaparecendo ao longe. Os fragmentos de pernas, braços, cabeças, chapéus e sapatos permaneceram flutuando no ar, e instantes depois Dom Quixote retornou veloz apontando a sua lança e subia com um zumbido, desaparecendo acima do exército de robôs que descia das nuvens. A abóbada azul interrompida pelos aviões japoneses kamikase. Os kamikase subiam acima das nuvens e depois caíam verticalmente explodindo nos prédios e nas fábricas. Três aviões kamikase abriram um grande rombo explodindo no centro do exército de robôs. O exército de robôs continuava descendo impulsionado pelos pequenos foguetes presos às cabeças. Dom Quixote passou zumbindo junto às minhas pernas e eu recebi as vísceras de um homem no rosto. Eu retirei as vísceras e limpei o rosto na manga do paletó e as vísceras permaneceram flutuando ao meu lado. Dom Quixote realizava ziguezagues circulando em torno do exército de robôs, e instantes depois o seu cavalo esquelético empinou no ar. Dom Quixote voltou-se bruscamente para trás e percebeu um foguete teleguiado se aproximando desordenadamente. Dom Quixote partiu para cima veloz e foi alcançado pelo foguete, que explodiu abrindo uma esfera branca e luminosa. Eu procurei ver onde estava Dom Quixote, mas as vísceras que flutuavam ao meu lado novamente bateram no meu rosto. Eu retirei as vísceras e vi uma falha aberta num dos blocos do exército de robôs exatamente no lugar onde Dom Quixote se havia desintegrado. Ao longe, no vale das montanhas, eu vi a esfera branca e luminosa se levantando e depois o imenso cogumelo de fumaça se elevando. A multidão partida em cinco grupos flutuava acima dos prédios e eu ouvi um estrondo e depois minúsculos ruídos de aço e vidro sendo triturados. Eu ouvi novamente o estrondo e o som permaneceu se prolongando e depois os pequenos ruídos de vidro e aço sendo triturados. O ar estava esquentando e a grande multidão dividida em cinco partes estava flutuando imóvel uns setecentos metros acima dos prédios. O calor aumentava e eu vi o vento radioativo dissolvendo o exército de robôs que descia das nuvens. O vento radioativo passou lento através do exército e os milhões de robôs foram se liquefazendo, e instantes depois flutuavam massas de aço líquido nas nuvens. As massas isoladas foram se reunindo e formaram três grandes esferas líquidas. Um avião kamikase mergulhou numa das esferas de aço líquido e desapareceu. Eu continuava flutuando imóvel ao lado de outros homens e mulheres, e ao lado das vísceras. No fundo do vale estava o gigante Lyndon Johnson, presidente dos Estados Unidos, pronunciando um discurso. O gigante Lyndon Johnson se elevava acima das montanhas e o seu gigantesco nariz penetrava nas nuvens. O som das palavras em inglês chegava à multidão flutuante como um grande vento e fazia vibrar o grande número de corpos. O gigante Lyndon Johnson elevou os braços e continuou exaltado o seu discurso. A grande massa de homens e mulheres flutuantes a que eu estava integrado começou a se mover lentamente na direção da imensa barriga do presidente dos Estados Unidos, e quando uma parte da multidão tocou a gigantesca barriga um grande número de homens e mulheres se agarrou aos botões dourados do terno do presidente. O gigante Lyndon Johnson fez uma pausa no discurso pronunciado em inglês e aspirou violentamente o ar das nuvens. Parte da multidão que flutuava próximo à cabeça do presidente dos Estados Unidos foi aspirada e se introduziu nas ventas do volumoso nariz e alguns se agarraram aos pelos. O gigante Lyndon Johnson soltou um estrondoso espirro e um grande número de homens e mulheres foi lançado para fora do nariz. O presidente dos Estados Unidos, com a ponta dos seus enormes dedos, retirou quatro homens que se agarravam aos pelos do seu nariz. A multidão em que eu me encontrava volteava flutuando as pernas do presidente e o peixe cósmico que avançava lentamente nas nuvens abriu a imensa boca negra marcada de pontiagudos dentes e abocanhou a multidão flutuante. Eu me vi no escuro, e eu deveria estar flutuando no estômago do peixe cósmico. Eu vi um grande número de faíscas explodindo no escuro, e a algazarra da multidão batalhando. Eu ouvia o ruído dos ferros batendo uns contra os outros. Um grande número de homens se atirou na água escura do lago e depois que o fogo se extinguiu eu estava novamente no escuro. Eu vi ao longe o lago escuro e vermelho de onde surgiram corpos flutuando e uma multidão que surgia do lago escuro e corria para a praia. Uma longa ponte de aço atravessava o lago escuro e iluminado pelas chamas dos incêndios dos edifícios, barcos, navios e caravelas, sobre a ponte tocava uma orquestra. Os violinistas marchavam à frente tocando os seus instrumentos, e eram seguidos pelos que tocavam trompas, cornetas, tímpanos, pianos, flautas, oboés. O coro de crianças seguia logo atrás e todos cantavam. Os bispos e os santos se encontravam no início da ponte e aguardavam a orquestra. Eu caí na água quente e escura do lago e montei num contrabaixo e passei a girar juntamente com a multidão de homens, mulheres, objetos, fragmentos de árvores, caravelas, violinos, santos, bispos, vietcongues, sapos armados. O redemoinho continuou a girar e as multidões de coisas e homens que flutuavam entraram num tubo e depois se separaram rapidamente em vários compartimentos de teto baixo e vermelho. Eu continuei montado no meu contrabaixo, mas a água quente havia escorrido e a multidão de homens e mulheres conversava entre si. Eu saltei do contrabaixo e me aproximei dos santos que se encontravam dentro das suas tumbas. Os santos empurravam as lajes de mármore e perguntavam uns para os outros qual era o órgão do peixe cósmico que eles ocupavam. Os músicos da orquestra passaram correndo agitando os seus instrumentos e alguns caíram nas covas dos santos. O teto de carne era baixo e corri seguindo a orquestra, e quando eu olhei para trás eu vi os bispos correndo logo atrás. A orquestra parou e eu bati de encontro ao trompista. O trompista bateu com a sua trompa nas minhas costas, eu bati no bispo que corria à frente. A orquestra procurava voltar, mas os bispos empurravam-se uns contra os outros. A parede sanguínea e baixa diminuiu a altura e os bispos e os músicos foram obrigados a se abaixar. Três bispos se introduziram numa fenda do compartimento e pretendiam passar para o compartimento de baixo. Mas um grande tumulto de vozes e gritos surgiu da fenda, e os santos amedrontados tamparam as suas covas com as lajes de mármore. Um grande número de pés e pernas surgiu na fenda e os homens e as mulheres nus foram sendo despejados no compartimento em que nós nos encontrávamos, eu, os bispos, músicos e santos. A introdução de homens e mulheres nus continuava através da fenda, e surgiam primeiro os pés e depois as pernas e o corpo. O compartimento em que eu me encontrava acumulava um grande número de santos, bispos, homens e mulheres nus, músicos; e uns se apertavam contra os outros e eu me sentia esmagado pela multidão e dentro da minha boca eu sentia os dedos de um pé, o cabelo e as nádegas tocavam o meu ombro. A multidão se espremia caoticamente. O compartimento estava lotado de homens, mulheres, músicos, santos, e eu vi se abrindo o teto baixo e surgindo o céu azul. A multidão que estava acima correu para cima da carcaça do peixe cósmico e foi atacada pelos micróbios. O peixe cósmico entrava em decomposição e a carcaça imóvel desapareceu atacada pelos micróbios. As pontiagudas e brancas espinhas apareceram na carne branca em decomposição, e a torre do aeroporto ao longe. O peixe cósmico em decomposição ocupava a imensa pista de aterrissagem e o rabo, as barbatanas e as longas espinhas apareciam ao longe. A multidão que escapava pela abertura em decomposição saltava entre as espinhas e um grande número mergulhava na carne branca do peixe cósmico. Os bispos, santos e músicos que corriam nos tubos amarelos que eram as vísceras do peixe cósmico foram atacados pela fúria dos micróbios, os que estavam na frente entraram em decomposição juntamente com as vísceras. Eu escorreguei entre as escamas e caí junto ao imenso olho circular e estático do peixe cósmico em decomposição. Os bispos e os santos corriam em pânico de volta para o estômago do peixe cósmico e foram atingidos pela velocidade da decomposição que destruía as vísceras do peixe cósmico e apodreceram. O apodrecimento do peixe cósmico continuava rápido e uma multidão escapou correndo entre os pontiagudos e brancos dentes da bocarra aberta. Estadistas, padres, freiras, negros, astronautas, dentro de suas cápsulas zunindo para o alto, selvagens de lanças, bonzos budistas, Cary Grant, boxeadores de calção de seda e luvas, operários, Gandhi, Napoleão comandando o seu grande exército. Das guelras vermelhas do peixe cósmico em decomposição desciam rolando o exército, homens de motocicleta, uma manada de elefantes guinchando enfurecida. Acima das guelras do peixe cósmico voava para o céu um grande número de minúsculos peixes voadores e borboletas azuis. As manadas de girafas entraram na pista de aterrissagem e se chocaram com os carros de corrida vermelhos, azuis e amarelos que zuniam na pista. Os três carros que surgiam na frente bateram nas girafas, que foram lançadas para cima, giraram violentamente, e os carros que avançavam atrás explodiram lançando as rodas para o alto, estufando uma nuvem de chamas. Os carros de corrida se lançaram uns contra os outros e um grupo de cinco a alta velocidade derrapou na pista coberta de óleo e chamas e se chocou com as altas espinhas brancas do peixe cósmico. Eu corri para a pista atravessando entre os carros em chamas e o solo se inclinou e todos rolavam caindo. Eu rolava ao lado de tartarugas, homens, mulheres, caranguejos, peças, fios, ossos, mortos, feridos, armações de aço, formigas, latas. A grande fenda aberta no solo mostrou as nuvens e o céu azul. A multidão de animais, coisas e objetos caía, e aquele bloco fragmentado de homens, mulheres, caranguejos, ossos, fios, mortos, feridos, latas, armações de aço, formigas atingiu o céu azul e aberto e a parte da frente do bloco que caía. Eu flutuei no espaço integrado na multidão de homens e mulheres. Nós formávamos um grande bloco fragmentado que viajava lentamente. Eu, de braços e pernas abertas, olhava para baixo. Eu movimentei os braços e as pernas e vi o gordo estadista Winston Churchill passar ao meu lado de ventre estufado e charuto preso entre os dentes. O gordo estadista viajava no espaço com maior velocidade e eu inclinei a cabeça e vi Churchill se afastar, se afastar e desaparecer ao longe num ponto luminoso. Depois o rosto gordo de Churchill estava junto dos meus olhos e eu vi a contração da gordura. Eu me afastei do gordo estadista e olhei para o lado, vendo a multidão de bonzos budistas, liquidificadores, submarinos, corujas e tanques viajando no espaço. Esse grupo viajava flutuando na mesma velocidade e todos giravam lentamente soltos no espaço e acompanhavam aquele grande bloco fragmentado. O gordo Churchill abriu o sobretudo de lã grossa e estufou a barriga. Eu, estendendo o braço, poderia tocar no pé do estadista. O gordo Churchill afastou-se novamente e eu vi o estadista atingir uma grande velocidade e desaparecer no escuro. O gordo Churchill voltou velozmente e estacou, fragmentando uma parte do corpo. Eu vi os dentes saltando, as bochechas se rasgando, e os cabelos que saíam da cabeça. O grande bloco formado pelos bonzos budistas, liquidificadores, submarinos, corujas e tanques se introduziu num outro bloco fragmentado que viajava à frente. O outro bloco era formado por um grande número de violinos e perdidos no meio da aglomeração de violinos eu vi o presidente Kennedy, De Gaulle, Hitler, o reverendo Luther King, o revolucionário Robespierre de barrete vermelho e um grande número de arcanjos e coelhos. Os blocos de violinos foram se desfazendo e se separando e os bonzos flutuantes batiam com as cabeças e os braços nos violinos e nos coelhos. Eu vi televisões, frangos assados, facas, espetos, sapos voadores, foguetes, cobras, peixes, binóculos, máquinas fotográficas; e no fim do bloco flutuante eu vi uma nuvem de napalm soltando espessas labaredas e uma fumaça negra. O grande incêndio de napalm atingiu os últimos ocupantes do bloco flutuante formado por cães e Karl Marx ao longe e era coberto por uma nuvem de fogo. Os dois blocos se encontraram e partiram em quatro pequenos blocos formados de motocicletas, porta-aviões, bicicletas, máquinas de lavar roupa, flechas e espadas. Os porta-aviões se chocaram uns contra os outros provocando um grande som e eu vi o casco dos porta-aviões se rasgando e abrindo. Eu olhei para o grande bloco de violinos, do presidente Kennedy, do primeiro-ministro[4] De Gaulle, Hitler e do reverendo Luther King deslizando através dos outros blocos flutuantes que avançavam para frente, e esse bloco se imobilizou e passaram flutuando no espaço homens, mulheres, animais, pássaros e peixes. Apareceu a curvatura da Terra, o mar brilhante e azul, as nuvens brancas e as montanhas. A Terra se elevava velozmente aproximando-se. A cidade imersa na bruma, e os edifícios pontiagudos se elevavam transportando-se rapidamente para onde eu estava. E depois eu via as ruas aparecendo através da bruma, os automóveis e as minúsculas cabeças em movimento. E a cidade se aproximava veloz e eu via os vidros dos edifícios.

---

4 Quando da primeira edição de *PanAmérica*, em 1967, Charles De Gaulle era presidente da França, cargo que ocupou de janeiro de 1959 a abril de 1969. Esta edição optou por manter o texto original.

Obras do autor publicadas
pela Editora Papagaio

PanAmérica, 2001
Lugar Público, 2004
As Nações Unidas, 2016

♦ Esta edição de *PanAmérica* foi composta utilizando fonte Minion, em papel pólen 90 gramas (miolo) e supremo 250 gramas (capa) na Intergraf, 38 anos depois que Caetano Veloso homenageou *PanAmérica* citando o livro na música Sampa. ♦